NOWIST

NOWIST

Original English edition: #Now

지금 당장 시작하는 능력을 가진 사람들

NOWIST

나우이스트

맥스 맥케온 지음
신예용 옮김

PAST # FUTURE

보랏비소
Borabit Cow

NOWISI

지금 당장 시작하는
나우이스트가 되어라

인생은 누구에게나 똑같이 '나우now, 지금'이라는 시간으로 찾아온다. 우리의 삶은 바쁘지 않으려고 바쁘게 노력하는 사이에도 계속 흘러간다. 인생은 우리가 집중할 만한 것 한 가지를 찾으려 애쓰는 사이에 생기는 사건들의 연속이다. 그리고 인생에는 단 하나의 중요한 가치만 존재하는 것이 아니라 여러 가지 우선순위가 공존한다.

바쁜 것을 무조건 나쁘다고만 말할 수는 없다. 바쁜 것을 나쁘게만 간주할 경우 오히려 도저히 피할 수 없는 일을 피하려다 시간만 낭비할 수 있다. 또 세상 어디에도 없는 단 하나의 완벽한 우선순위를 찾느라 불행해질 수 있다. 뿐만 아니라 열심히 일하고 행동하는 것까지 나쁘다고 오해할 수도 있다. 알고 보면 바쁘게 살아가는 것이 우리의 인생이며, 충만한 일상을 누린다는 것은 아주 근사한 일이다. 바쁘다는 것은 행동을 설명하는 한 가지 방식일 뿐이다.

시간이 부족하다고 허둥대기보다는 다채로운 경험을 누리며 즐기는 건 어떨까? 나우이스트nowist, 즉 지금 현재를 즐기는 사람들은 계획하지 않은 일과 계획한 일의 흐름 속으로 뛰어들려는 특성이 강하다. 또한 놀라고 충격받고, 뜻밖의 사건에 맞닥뜨리고 다시는 오지 않을 순간을 맞이하며 평범과 비범 속에 살아간다.

흥미로우면서 부담스럽기도 하지만 피할 수 없고, 놓쳐서도 안 되는 공간이 바로 지금이다. 현재라는 순간은 모든 것인 동시에 아무것도 아니다. 평생에 걸쳐 수없이 찾아오는 순간이기도 하다. 나우이스트는 지금 이 순간을 피하지 않는다. 대신 과거와 현재, 미래의 힘을 사용해 긍정적인 행위를 만들어낸다. 나우이스트는 속도를 늦추려 하지도 않는다. 그것이 그들의 현재성을 키운다.

나우이스트는 적극적이고 미래 지향적이다. 그래서 직접 집을 고치기도 하고, 모임에 참석하기를 좋아하고, 스스로 선택한 일에 만족을 느낀다. 스스로 한 선택이 어쩌다 하나의 의무처럼 여겨질지라도 마찬가지다. 어떤 일을 꼭 해야 한다고 생각하다 보면 정말 그 일을 좋아하게 될 수도 있다. 그럼에도 불구하고 여전히 바쁘다는 것을 무조건 비정상적이고 건강에 해롭다고 생각할 위험이 있다.

나우이스트는 시간을 효율적으로 보내고 싶어 하며, 활동적이다. 전진과 변화를 거부하고 피하기보다는, 상황에 맞게 행동하며 대처함으로써 더욱 현명한 선택을 할 때가 많다. 변화와 행동을 막는 유일한 길은 죽음뿐이다. 움직임은 인생 그 자체다. 그리고 내 조부께서 말씀하셨듯이 인생이란 원래 두 가지 대안 중에서 더 나은 쪽을 선택하는 것이다.

삶은 우리의 첫 생각부터 마지막 생각까지 무수한 순간으로 이루어져 있다. 하지만 지금 이 순간이야말로 우리 인생의 전부나 다름없다. 속도를 늦추라고 말하는 목소리도 있지만, 인간의 본성은 일제히 한 목소리로 앞으로 더 나아가라고 재촉한다.

한편 진화를 위한 추진력을 거부하는 사람들도 있다. 이들은 속도를 늦추라는 목소리에 귀 기울이고, 새로운 곳이나 더 나은 곳으로 가지 못하게 막는 습관에 슬그머니 물든다. 감각의 자연스럽고 유동적인 변화에 저항하고, 이런 감각에 방해 요소나 짜증을 유발하는 요소라는 딱지를 붙이기도 한다. 그러는 사이 편안하게 살 수 있는 삶의 본능적인 에너지를 낭비한다. 아무런 행동도 취하지 않는 것보다는 어떤 행동이든 취하는 것이 더 낫다.

나우이스트는 앞으로 꾸준히 나아가며 더욱 건강해지고 행복해질 거라는 믿음에 따라 행동한다. 가만히 멈춰 있기보다 앞으로 나아갈 때 더 많이 얻고 더 경험할 수 있다. 실제로는 자기 부정, 행동 지연, 기쁨 갉아먹기, 우리를 마비시키는 참을성이라는 악덕보다 '조바심의 미덕'이 유용하게 작용할 때가 훨씬 더 많다.

책 표지에 나오는 원은 시간과, 시간에 대한 우리의 인식을 나타낸다. 이 원에서는 과거와 미래의 교차 지점에 현재가 위치한다. 그 교차 지점이 지금 이 순간을 의미한다. 삶을 경험하고, 행동하거나 행동하지 않는 지점이다. 여기에서 우리가 원하는 모든 일이 이루어진다. 우리가 성취할 모든 일의 출발점이기도 하다.

지금 이 순간은 행복하거나 다른 누군가와 연결된 상태일 수 있다. 아니면 불행하거나 단절되고, 고통스러운 상태일 수도 있다. 지금 이 순간이 지루하거나 매력적으로 다가올 수도 있고 두렵거나 용감해질 때도, 즐겁거나 괴로울 때도 있다. 나우이스트는 성장하기 위해 한 걸음씩 더 멀리 내딛으므로 걸어도 될 때 뛰고, 앉아 있어도 될 때 점프하고, 구석에 박혀 있어야 할 때도 자리에서 일어나 춤을 춘다. 아무런 행동을 하지 않고서는 도저히 견디지 못하므로 우선 행동하고 본다.

이 책에서는 앞으로 나아가는 것이 얼마나 즐거운지에 대해 알리고자 한다. 동기부여에 대해서도 설명한다. 사실 동기부여를 한다는 것 자체가 앞으로 나아간다는 뜻이다. 꾸준히 앞으로 나아가고, 명확하고 편안한 행동을 취하는 길로 들어서기 위해 편안한 결정을 하려면 어떤 노력을 해야 하는지, 이런 노력이 우리의 권력감과 행복감에 어떤 도움이 되는지 살펴보자.

이 책에서는 또 사람들이 저마다 지금 이 순간을 어떻게 활용하는지 새삼 일깨우는 경이로운 연구 결과들을 소개한다. 우리가 얼마나 쉽게 수동적인 상태에 빠져드는지도 알려준다. 이런 상태에서는 다른 사람들과 자신을 비교하고, 예전에 못한 일을 후회하고, 지금의 상태를 불평하며, 실제로는 결코 일어나지 않을 일을 걱정하느라 시간을 다 허비해버린다.

지나치게 신중을 기하다 보면 아무리 많은 계획을 세워도 결국은 어떤 행동도 취하지 못한 채, 삶을 사랑하기보다는 걱정만 하면서 살아가게 될 것이다. 이 책에서는 이러한 접근방식의 대안인 나우이스트의 의미를 정확히 이해하기 위해 기능적 충동성과 이동 지향적 사고방식에 대해 자세히 살펴볼 것이다. 빠르게 패턴을 읽는 능력, 보다 효율적으로 정신적인 시간 여행을 하는 능력, 정신적인 지름길을 행동에 적용하는 방법을 비롯한 구체적인 실행 방법을 들여다보자. 마지막으로 모든 내용을 종합해 지금 이 순간이 갖는 힘과 즐거움을 효율적으로 갈고닦을 수 있는 모든 방법에 대해 논의할 것이다.

서문 지금 당장 시작하는 나우이스트가 되어라 5

Part 1
지금 이 순간을 즐기며
발전해 나가라

제1장 꾸준히 나아가려면
속도가 필요하다

충동적인 것이 나쁜 것만은 아니다 18 · 생각하면서 행동하고 행동하면서 생각하라 24

제2장 꾸준히 나아가는
과정을 즐겨라

발전하고자 하는 욕구가 기회를 만든다 34 · 선택의 과정도 즐겨라 36 · 즐겁게 생각하면 즐거운 일이 생긴다 38 · 불확실한 상황에서의 확실한 즐거움 41 · 시간을 스스로 통제하라 45 · 일시적 즐거움과 본능적 자극에도 이점이 있다 48 · 해야 할 일이 있다면 즉시 시작하라 52 · 나아가고자 하는 욕망이 주는 행복 56 · 과도한 스트레스, 과도한 욕망에서 벗어나라 59 · 후회 최소화 전략 61

제3장 편안하게 생각하며
빠르게 행동하라

완벽주의가 추진력을 방해한다 68 · 잡다한 걱정이나 망상을 제거하라 73 · 속도를 내되 평정심을 유지하라 78 · 직접적인 경험이야말로 최고의 스승이다 82

Part 1 SUMMARY 90

Part 2

지금 이 순간을 즐기며
변화해나가라

**제4장   확실한 답을 찾는 길은
확실한 행동뿐이다**

아무것도 안 하면 아무 즐거움도 못 느낀다 96 · 즐기며 행동할 때 성취감도 커진다 100 · 누군가의 지지와 협력을 이끌어내라 103 · 자유롭게 선택하고 자유롭게 행동하라 110 · 쓸데없는 노력으로 에너지를 낭비하지 마라 114 · 변화를 새로운 경험과 기회의 장으로 삼아라 118 · 편안함을 위해서는 불편함을 감수하라 124 · 행동을 하면 강해 보이고, 실제로도 강해진다 128 · 누군가의 지시가 아닌 변화와 기회를 좇아라 134

**제5장   모든 경험을
즐겁게 받아들여라**

행복을 측정하는 3가지 방법 140 · 내면의 기쁨을 추구하라 143 · 시련은 때때로 성장을 촉진한다 150 · 절망적 순간에도 긍정의 신호를 찾아라 157 · 좋은 일이 생길 것을 기대하라 160 · 자신을 좋아하고 자기편이 되어주어라 166 · 스트레스를 성장의 기회로 삼아라 172

제6장 하나에 과도하게 집중하지 마라

현재의 행동을 미래와 연결시켜라 178 • 미래의 모습을 구체적으로 시각화하라 184 • 미래를 내 손으로 바꿔라 191 • 현재 중요한 것 딱 3가지를 찾아라 194 • 여러 가지 일을 병행하는 능력 201 • 변화를 자연스럽게 받아들여라 205 • 마인드원더링, 기분 전환으로 능률을 높여라 210 • 재미를 느끼면 어려운 일도 더 잘할 수 있다 213

Part 2 SUMMARY 216

최고의 나우이스트가
되기 위한 결정적 팁

나우이스트의 특성 5가지 220 • 나우이스트의 유형 4가지 224 • 나우이스트가 선호하는 조직과 문화 229 • 나우이스트의 특별한 스트레스 해소법 235 • 나우이스트의 효율적인 두뇌 사용법 239 • 나우이스트의 아이디어와 과학 242

감사의 말 247
미주 251

Part 1

지금
이 순간을
즐기며

발전해
나가라

제1장

꾸준히 나아가려면
속도가 필요하다

　　놀라울 정도로 신속하게 결단을 내리는 것은 즉흥적으로 보일 때가 많고, 즉흥성은 흔히 바람직하지 못한 성향으로 간주된다. 하지만 딕먼은 이렇게 묻는다. "다른 유형의 즉흥성이 존재한다면 어떨까?" 크루글란스키 역시 유사한 질문을 던진다. "빠르게 행동할 경우 목적의식이 생기기 때문에 더 빨리 행동하고 결정하는 법을 배운 사람들이 있다면 어떨까?"

충동적인 것이
나쁜 것만은 아니다

20세기에 접어들면서 수십 년에 걸쳐 소비에트연방이 몰락하고, 인터넷 시대가 도래하고, 힙합 음악이 전 세계로 퍼지는 동안 호기심 많은 두 명의 과학자가 여러 가지 실험을 진행했다. 이 실험들은 21세기에 아주 놀라운 영향을 미쳤다.

첫 번째는 미시간 대학교의 뇌, 인지, 행위 연구실에서 박사 과정을 밟고 있는 스콧 딕먼의 실험이었다.

1985년, 딕먼은 세 가지 실험을 연속으로 진행했다. 먼저 실험 시작 전 참가자들은 '충동성'이라는 성격 유형에 관한 테스트를 받았다. 그런 다음, 36장짜리 카드 한 묶음이 놓인 책상 앞에 앉았다. 스마트폰 크기의 카드에는 커다란 글자가 새겨져 있었는데, 이 중에는 더 작은 글자들도 섞여 있었다. "제자리에, 준비, 시작!"이라는 구호에 따라 참가자들은 세 가지 다른 작업을 마쳐야 했다. 커다란 글자 중심, 작은 글자 중심, 두 가지 모두를 중심으로 카드를 여러 다발로 분류하는 작업이었다. 참가자들은 카드를 최대한 빠르고 정확하게 분류하라는 요청을 받았다.

이때 딕먼은 충동적인 사람일수록 분류 작업을 더 어려워할 것이라고 예상했다. 충동적인 사람들은 집중력이 부족하여 집중해야 하는 순간에 방해가 되는 요소를 무시하기 위해 안간힘을 쓰거나, 여러 정보를 잘 합치지 못할 것이라고 생각했기 때문이다. 딕먼은 사회의 전반적인 분위기나 심리학의 전통적인 견해에 따라 이렇게 예상했다. 충동성은 흔히 문제가 있는 성향으로 간주되는 것이 사실이다. 그런데 실험 결과, 충동성이 강한 사람들의 점수가 충동성이 약한 사람들의 점수와 거의 비슷하게 나왔다. 깜짝 놀란 딕먼은 어떻게 된 일인지 알아보기 위해 또 한 차례 실험을 진행했다.

이번에는 색상을 추가하여 테스트를 더 까다롭게 만들고, 충동성이 강한 사람과 약한 사람 사이의 절차상 차이를 뚜렷하게 강조해보기로 했다. 이 실험에 참가한 사람들은 큰 글자와 작은 글자, 색상을 기준으로 카드를 분류해야 했다. 참가자들은 관련 정보를 결합하고, 관련이 없는 정보는 무시해야 했다. 그런데 다시 한 번 충동성이 강한 사람들은 충동성이 약한 사람들과 유사한 결과를 보였다.

덕먼의 의심은 더욱 깊어졌고, 의심을 풀어야 할 동기도 더욱 뚜렷해졌다. 의문에 답하기 위해 덕먼은 다음과 같은 기본적인 논리를 제시했다.

충동성이 강한 사람들 중 일부는 충동성이 약한 사람들과 다른 전략을 사용할 것.

충동성이 강한 사람들은 정확성보다 속도를 중시했는데 이 실험에서 정확성보다 속도를 중요시하는 전략을 사용한 결과, 속도보다 정확성을 중시하는 충동성이 낮은 사람들이 기록한 점수와 일치하게 된 것이다.

덕먼의 실험에 따르면 충동성이 강한 사람들은 빠른 응답을 중요시했는데, 그 이유 중 하나는 이들에게 기꺼이 실수를 하고 또 그것을 바로잡을 의향이 있기 때문이었다. 반면 덜 충동적인 사람들은 실수를 피하는 데 더 신경을 많이 쓰기 때문에 실수를 바로잡기 쉬운 상황에서도 더 많은 시간을 들여 결정하고 행동한다.

호기심이 발동한 딕먼은 강한 충동성이 장점으로 작용하는 상황을 더 자세히 알아보기 위한 새로운 실험을 고안했다. 이 실험의 참가자들은 여러 쌍의 기하학적 모양을 보고 모양이 같은지 다른지를 판단해야 했다. 이 실험에서 충동성이 강한 사람들은 정확성보다 속도를 내세워 더 많은 혜택을 얻거나, 다른 참가자들이 시간의 압박을 받을 때 가장 좋은 성과를 보였다.

딕먼은 '두 가지 성향이 따로 존재할 수도 있지 않을까?'라는 의문을 가졌다. 그가 통찰력 있는 의문을 제기하자 돌파구가 열렸다. 결정을 빨리 함으로써 안 좋은 결과를 얻는 성향이 있는가 하면, 결정을 빨리 함으로써 좋은 결과를 얻는 성향도 존재하는 것이었다.

딕먼이 생각하는 두 가지 성향이 단순히 강한 충동성과 약한 충동성을 다르게 표현한 것은 아니다. 여기서 딕먼은 각기 다른 두 가지 행동 유형을 발견했다. 충동성의 전통적인 유형은 '역기능적 충동성'이다. 스트레스를 받으면 어떤 사람들은 상황을 제대로 이해하지 못하고 갑작스럽게 행동하거나 결정을 내리게 된다. 이로 인해

항상 느린 사고만이 더 좋다고 생각하면 엄청난 재능과 잠재력을 낭비하게 될 수도 있다.

가끔은 문제가 잘 풀릴 때도 있지만, 대부분의 경우 상황은 더욱 악화된다.

한편 '기능적 충동성'으로 혜택을 거두는 사람들도 있다. 이들은 어떤 행동을 하기 전에 시간을 그리 많이 투자하지 않는 듯하지만, 실제로는 그저 빨리 결정하는 데 더 능숙할 따름이다. 이런 사람들의 특징은 스트레스가 심한 상황에서도 명쾌하게 사고해 선택 사항을 신속하게 파악하며, 더 많은 실수를 할 수 있음에도 불구하고 더 많은 일을 하려 한다.

딕먼은 기능적 충동성과 역기능적 충동성을 구별할 만한 척도가 되는 23개의 질문을 신중하게 고안했다. 그런 다음, 전에 했던 실험 일부를 반복하면서 대부분의 경우 기능적 충동성을 갖춘 사람이 빠른 속도로 빠른 성과를 거둔다는 사실을 확인했다. 역기능적 충동성이 있는 사람은 속도가 빠르긴 했지만, 결과가 부정확해서 충동성이라는 성향의 혜택을 볼 수 없었다. 딕먼의 선구적인 연구와 놀라운 발견 이후로 다른 많은 과학자들 역시 기능적 충동성이 유용하게 사용되는 상황을 판별하기 시작했다.

기능적 충동성이 강한 사람은 빠르고 정확하게 상황을 처리하여 큰 이익을 거둘 수 있다. 항상 느린 사고만이 더 좋다고 생각한다면 엄청난 재능과 잠재력을 낭비하게 될 수도 있다.

**꾸준히 나아가려면
속도가 필요하다**

생각하면서 행동하고
행동하면서 생각하라

현존하는 가장 위대한 심리학자 중 한 사람인 메릴랜드 대학교의 아리 크루글란스키 교수는 어떤 두 가지 행위 간의 차이점에 관심을 보이게 되었다. 그는 먼저 함께 마트로 차를 몰고 가는 두 사람을 상상해보았다. 이 중 한 사람은 쇼핑을 시작하는 데 시간이 좀 걸리더라도 완벽한 주차 장소를 찾고 싶어 한다. 또 다른 사람은 주차 장소에서 마트까지 걸어가는 시간이 좀 걸리더라도 처음 발견한 곳에 주차하고 싶어 한다.

첫 번째 유형의 사람들은 크루글란스키가 '평가'라고 부르는 지침을 따른다. 크루글란스키는 사람들이 평가 중심으로 생각할 때 어떤 일을 처리하는 것보다 완벽한 선택 방법을 찾아내는 데 초점을 맞춘다고 짐작했다.

두 번째 유형의 사람들은 크루글란스키가 '이동'이라고 부르는 지침을 따른다. 크루글란스키는 사람들이 이동 중심으로 행동할 때 완전히 옳은 결정을 하기 위해 불안해하기보다 우선 일을 진행하고 싶어 한다고 생각했다.

크루글란스키는 과학자로서 이 두 가지 사고방식을 가진 사람들의 차이점과, 그 차이점이 사람들의 건강과 행복, 성과와 생활만족도에 미치는 영향에 대해 더 자세히 알고 싶었다. 그래서 대학원생들과 오랫동안 함께 일한 동료들의 도움을 받아, 미국 컬럼비아 대학교의 저명한 심리학자 히긴스와 함께 사람들이 평가 및 이동의 사고방식 중에서 어느 범위에 속하는지 표시할 수 있는 질문 목록을 만들었다. 그런 다음, 이 질문 목록이 신뢰할 만한지 확인하기 위해 세 개 대학에서 2,500명의 대학원생들을 대상으로 테스트를 했다. 이를 바탕으로 히긴스와 크루글란스키는 평가와 이동이 서로 다른 성향인지 점검해보았다. 그 결과, 이 두 가지는 분명히 서로 다른 성향으로 나타났다.

테스트 결과에 따르면 이동 성향이 강한 사람들은 행동에 전념하는 경향이 있었다. 하고 있는 일에 계속 집중할 뿐 아니라 활동적이고 성실하며 목표 지향적이었다. 반대로 평가 성향이 강한 사람들은 일을 그르치는 것, 여러 가지 애매모호한 상황,

타인의 생각, 타인에게 자신이 어떻게 평가되는지에 대해 지나치게 신경을 썼다.

이동 성향이 강한 사람들은 늘 움직이는 반면, 평가 성향이 강한 사람들은 늘 걱정한다. 평가 성향이 강한 사람들은 맡은 일을 잘해내는 것을 증명하기에 급급한 반면, 이동 성향이 강한 사람들은 맡은 일에서 발전을 거듭한다는 데 만족한다. 이동 성향이 강한 사람들에게 미래는 긍정적인 대상이다. 미래는 더 많이 노력하도록 다독이는 원동력이 되기 때문에 그들을 행복하게 만든다. 하지만 평가 성향이 강한 사람들에게 미래는 또 하나의 걱정거리일 뿐이다.

이동 성향이 강한 사람들은 남들이 혹시 이상하게 생각하지는 않을까, 무엇이 잘못되지는 않을까 등을 쓸데없이 걱정하거나, 어차피 알 수 없는 정답을 찾느라 의사 결정을 늦추지 않는다. 반면 평가 성향이 강한 사람들은 어떤 일이든 손에서 놓지 못하므로 결정이 늦어지게 마련이다. 우유부단한 성향 때문에 삶은 더 지루해지고, 편히 앉아 휴식도 취하지 못한다. 그저 걱정에 걱정만을 거듭한다. 그런데 연구 결과, 놀랍게도 평가와 이동은 서로 대립되는 성향이 아니었다. 둘 중 어느 하나의 성향이 더 강할 수도 있고, 둘 다 강하지 않을 수도 있으며, 두 가지 면 모두 강할 수도 있었다.

앞으로 나아가는 것을 즐기면서도 정답을 찾고 싶다는 욕구나, 실패에 대한 두려움 때문에 방해받는 사람도 있다. 다른 사람이 어떻게 생각하든 신경 쓰지 않는 사람이라고 해서 반드시 일을 잘 끝내는 것도 아니다. 이러한 발견의 진정한 의미에 대해서는 이 책의 전반에 걸쳐 살펴볼 것이다.

여러 해 동안 연구를 계속하며 수천 개의 테스트를 거친 후 크루글란스키 팀은 이동 성향과 평가 성향이 사람들 사이에서 실질적인 차이를 보인다는 점을 확신하게 되었다. 그리고 이러한 성격 차이가 현실 사회에서 어떤 장점으로 작용하는지 알아내기 위해 평가 성향과 이동 성향이 성과에 미치는 영향을 예측한 네 가지 연구를 추가로 고안했다.

먼저 평가 및 이동 성향의 척도를 개발하기 위해 만든 실험에 참여한 600명의 학생들 학업 성적과 이들이 몇 년 전에 받은 이동과 평가 성향 테스트 점수를 서로 비교해본 결과, 이동과 평가 성향 모두 다 높은 학생들이 3학기, 5학기, 7학기에 더 좋은 성적을 거둔 것으로 나타났다. 이 학생들은 여러 선택 항목을 비교한 다음, 계획을 실천하기 위해 열심히 노력했다. 이러한 상황은 그들에게 스트레스가 아닌 앞으로 더 나아가기 위한 하나의 준비운동이었다.

연구진이 미군 정예부대에 입대하기 위해 지원한 사람들을 조사했을 때에도 유사한 결과가 나타났다. 정예부대의 입대는 노련한 군인들에게도 상당히 가혹한 도전이었다. 도전이 끝나기 전에 지원자의 60퍼센트 이상이 그만두거나 탈락했다. 이때 이동 성향이 강한 군인들은 성공할 가능성이 더 높았다. 단, 평가 성향도 중간 이상의 점수를 기록해야 했다. 이동 성향이 강한 사람이 높은 성과를 거두기 위해서는 반드시 평가 성향도 필요했다. 높은 성과를 거두는 사람들은 생각하는 동시에 행동하고, 행동하는 동시에 생각하기 때문이다.

높은 성과를 거두는 사람들은 생각하면서 행동하고, 행동하면서 생각한다.

크루글란스키와 동료들이 추가로 진행한 연구의 결과도 이 논리를 뒷받침한다. 추가 연구에서는 교정 작업을 포함했다. 먼저 각 참가자들은 서로 대조해야 하는 소책자 두 권과 빨간 펜을 받았다. 그리고 두 책자 사이에서 어떤 차이점이나 오류가 발견되면 빨간색으로 동그라미를 치도록 했다. 그 결과, 실제로 일치하지 않는 부분이나 틀린 부분은 63개였지만, 평가 척도에서 높은 점수를 받은 사람들은 완벽하게 교정 작업을 하느라 너무 애쓴 바람에 실제로 있지도 않은 오류를 찾아냈다.

이동 성향이 강한 사람들은 목표를 선택하고, 그 목표를 성취하기 위한 방법을 선택하는 과정에서 평가 성향이 강한 사람들과 어떤 차이점을 보이는지 더 자세히 알아보기 위한 실험도 마련되었다. 참가자들은 개발하고 싶은 특성 다섯 가지를 생각한 다음, 각 목표가 그들에게 얼마나 중요한지, 또 그 목표를 달성하기 얼마나 어려운지 표시하라고 요청받았다. 목표를 성취하는 데 서로 다른 접근방식을 사용할 것도 요청받았다. 그러고 나서 선호하는 접근방식을 컴퓨터에 최대한 빨리 입력하도록 했다.

실험 결과, 이동 성향 점수가 더 높은 사람들은 그들이 성취할 것이라고 확신하는 목표를 선택하고, 목표를 성취하기 위해 선호하는 방식을 빠르게 선택하는 편이었다. 한편 평가 성향 점수가 더 높은 사람들은 반대의 성향을 보였다. 그들은 성공할 자신이 없다고 생각하면서도 주로 대단한 가치의 목표를 선택했다. 목표를 성취하기 위해 여러 가지 선택 항목을 고려했으며, 선호하는 방식을 고르는 데에도 오랜 시간이 걸렸다.

이동 성향이 강한 사람들은 일을 빨리 시작하고 성공적으로 마치는 반면, 평가 성향이 강한 사람들은 가끔 더욱 가치 있는 목표를 위해 더욱 어려운 임무를 선택하고서 전전긍긍한다. 어쩌면 그들은 간혹 달성하기 쉬우면서도 가치 있는 성과를 거두는 길을 피하고 있는지도 모른다. 평가 성향이 강하면 그저 어렵다는 이유만으로 어려운 업무들을 선택하기도 한다. 특정 수준을 넘어서면 평가 성향이 강한 것은 발전할 가능성이 높은 대상에 대해 명확하게 사고하는 데 걸림돌이 되는 듯하다.

너무 많은 선택 항목이 제시되면 이 실험의 일부 참가자들과 마찬가지로 딕먼의 역기능적 충동성과 유사한 혼란 상태에 빠질 수 있다. 평가 성향이 강하다 보면 많은 대안을 떠올리는 것이 더욱 바람직하다고 생각하게 된다. 더 많이 생각하면 더 적게 생각하는 것보다 반드시 현명한 선택을 할 수 있기 때문일까? 안타깝게도 여러 가지 불필요한 선택 항목 앞에서 고민하느라 시간을 낭비하는 사이 막상 실제로 일을 처리할 시간은 줄어들고 만다. 머릿속이 미완성의 선택 항목으로 가득 차버리는 바람에 무언가 하고 있다는 생각이 들면서도 실제로는 무엇을 어떻게 해야 할지 모른다. 명확한 계획을 세워 행동을 취하는 대신, 이러지도 저러지도 못하고 제자리걸음만 한다. 심히 고통스럽고 일의 진행도 더디지만 그렇다고 빠져나올 수도 없다.

느린 사고를 옹호하는 사람 중 하나인 노벨 경제학상 수상자 대니얼 카너먼도 느린 접근방식에 부정적인 측면이 있음을 인정한다. 카너먼은 "직관적인 사고의 대안은 정신적인 불구 상태"이자, "힘들고 어려우면서도 많은 비용이 드는 세계"라고 경고한다. 자제력을 중시하는, 유명한 마시멜로 테스트의 창안자 월터 미셸 역시 "만족을 지나치게 오래 늦춘 삶은 만족을 충분히 늦추지 않은 삶과 마찬가지로 불행하다"라고 강조한다. '느리게 살기 운동 slow movement'의 사려 깊은 전도사인 칼 오너리도 "속도를 사랑"하고, "느리든 빠르든, 자신의 고유한 리듬"에 따라 살아가는 삶을 권한다.

지금 이 순간은 단절될 수도 있지만, 훨씬 더 큰 미래로 연결될 수도 있다.

제2장

꾸준히 나아가는
과정을 즐겨라

PAST

#

FUTURE

꾸준히 나아가고 싶어 하는 마음은 상당히 강력한 동기부여가 된
다. 나아가려는 욕구에 힘입어 움직이면 결코 멈추고 싶지 않아진다. 그저
눈앞에 놓인 일을 하고 싶어진다. 편안하게 느끼는 행동을 꾸준히 하고 싶
어진다. 이런 기분이 들 때에는 편안한 행동을 하고 있다는 만족감 자체가
궁극적인 보상이 된다.

발전하고자 하는 욕구가
기회를 만든다

　눈에 보이는 모든 것, 주변의 모든 생각과 사물을 자신의 발전에 도움이 되는 방향으로 생각해보자. 그러다 보면 다른 사람들보다 어떤 행동의 계기를 더 잘 포착할 수 있다. 그리고 다른 사람들보다 행동의 계기가 될 만한 일도 더 능숙하게 찾을 수 있다. 어떤 행동의 계기를 포착해 자신의 발전에 도움이 될 만한 방법을 찾아보자.

　행동의 계기를 포착하면 행동을 취하기 위한 준비 작업에 돌입하기도 쉽다. 가만히 앉아서 지나간 일을 후회하는 소극적인 자세에서 벗어나 적극적으로 돌파구를 찾아 나서보자. 움직일 계기가 생기면 즐겁게 행동으로 옮길 수 있는 아이디어가 떠오를 뿐 아니라 자연스럽게 운동 반응이 일어난다. 가령 운동화를 보면 심장박동 수가 높아진다. 그리고 바로 달리고 싶어진다. 또 배드민턴 라켓이 눈에 띄면 손을 움켜쥐게 되고, 키보드나 피아노를 보면 저절로 손가락이 움직이게 된다.

움직임과 변화, 그에 따른 보상을 찾아다니다 보면 어떤 일이든 변화 가능성이 높은 방향으로 나아갈 수 있다. 발전하고자 하는 인간의 자연스러운 욕구를 활용해보자. 언제나 좋은 일이 생기게끔 노력하고, 과거에 즐거웠던 순간을 떠올려보는 것만으로도 충분하다. 계속 그렇게 생각하다 보면 원하는 방식대로 행동하도록 자신을 설득하는 데 점차 더 능숙해질 것이다. 자기 자신과 대화하며 스스로 힘을 불어넣어줄 수도 있다. 그러다 보면 자기 자신과 대화하면서 행동을 취하는 것이 얼마나 즐거운 일인지 깨닫고, 앞으로 꾸준히 나아가는 것이 자연스러운 일상으로 자리 잡게 될 것이다.

시작이 없으면 끝도 없다.

선택의 과정도
즐겨라

뉴욕의 어느 심리학자 팀은 두 그룹의 사람들을 대상으로 한 실험에서 과거에 서로 다른 방식으로 행동했던 사례를 하나씩 떠올려볼 것을 요청했다.

첫 번째 그룹은 어떤 프로젝트를 끝내자마자 새로운 프로젝트를 시작하거나, 하려고 마음먹었던 일을 앞두고 기다리기 힘들어 곧바로 실천하려 했던 경험을 떠올려볼 것을 요청받았다. 두 번째 그룹은 자기 자신이나 자신이 한 일을 비판했던 기억을 떠올려볼 것을 요청받았다. 다른 사람과 자신을 비교하거나, 자신의 긍정적이거나 부정적인 성향을 지나치게 자세히 분석하거나, 다른 사람이 한 일을 비판한 경험도 포함했다.

그런 다음, 다섯 개의 유사한 독서등 중 어떤 브랜드의 독서등을 살지 결정하기 위해 특정 유형의 전략을 사용하라고 요청했다. 이때 어떤 사람들은 각 독서등의 기능을 꼼꼼히 따져본 다음, 신중히 제품을 골랐다. 또 어떤 사람들은 훨씬 더 빨리, 독서등의 한 가지 기능만을 살펴보고 기능이 가장 좋지 않은 제품을 버리는 방식으로 선택을 하기도 했다.

　　사람들은 독서등을 선택하고 나서 두 가지 질문을 받았다. 첫 번째 질문은 "독서등에 얼마의 비용을 기꺼이 지불하겠는가?"였다. 두 번째 질문은 "선택에 얼마나 만족하는가?"였다. 이런 경우 나우이스트는 선택하는 행동 자체를 즐기기 때문에 흔쾌히 더 많은 비용을 지불한다. 무언가를 선택하는 즐거움 역시 제품에 부여하는 가치의 일부가 되기 때문이다. 선택의 즐거움은 행동하는 것을 더욱 즐겁게 만든다.

즐겁게 생각하면
즐거운 일이 생긴다

일하는 도중에, 일을 끝마치면서, 일을 할 기회를 찾는 데서 즐거움을 느끼면 추진력이 생겨 더 많은 성공을 끌어당기게 된다. 그러다 보면 일을 할 기회가 더 많이 생기고, 즐거움도 더 많이 누릴 수 있다. 평가 성향이 지나친 나머지 일을 제대로 추진하지 못하는 마비 상태가 되면 자신에게 실망할 기회마저 사라져버린다.

조금씩 발전해나가는 즐거움을 느끼며 동기부여를 받다 보면 기분 좋은 일이 생길 가능성도 더 커진다. 우리의 기분은 앞으로의 결과나 타인의 평가와 같이 통제 불가능한 요소로 인해 생기는 걱정과 불안보다는, 행동의 즐거움과 그 즐거움이 만들어내는 통제력과 직결되어 있다. 이처럼 삶을 살아가고 바라보는 방식은 행복과 만족 등 여러 가지 면에 영향을 미친다.

행복을 평가하는 한 가지 방법은 만족의 중요도를 스스로에게 물어보는 것이다. 예를 들어 다음과 같은 질문을 몇 가지 해볼 수 있다.

자신의 의견을 확신하는 편인가?

자신이 상황을 주도한다고 생각하는가?

자신의 한계에 도전하는 데 있어 새로운 경험이 중요하다고 생각하는가?

다른 사람들에게 도움이 되는 사람이라는 말을 듣곤 하는가?

얼마나 자기 자신을 잘 수용하는가?

아무런 목적 없이 방황하며 살아가고 있지는 않은가?

행복을 평가하는 또 다른 방법으로는 긍정적인 감정을 느끼는 매 순간을 더하고, 부정적인 감정을 느끼는 매 순간을 빼서 '핵심'에 보다 직접적으로 도달하는 방식이 있다. 행복한 순간을 더하며 행복을 측정하는 접근방식은 행복하다고 느낄 만한 증거를 찾고자 하는 사람들에게 효과가 있다. 이런 사람들은 스스로의 힘이나 기술, 능력으로 자신이 행복하다는 것을 증명할 수 있다고 믿는다. 하지만 이런 식으로 행복을 체크하면 객관적으로는 행복해 보일지 몰라도, 실제로 행복한 삶을 살고 있다고 장담할 수는 없다. 그보다는 스스로 느끼는 것을 바탕으로 행복한지 그렇지 않은지를 깨닫는 편이 더 정확하다.

좋은 경험과 나쁜 경험을 서로 비교해보면 삶에서 즐거운 일이 별로 없을 때조차 행복하다고 느낄 수 있다. 이는 긍정적인 측면에 초점을 맞추면 얼마든지 가능한 일이다. 즐겁게 생각하는 일을 많이 하고, 또 즐겁게 일한다면 우리의 삶은 즐거움으로 가득 찰 수밖에 없을 것이다.

불확실한 상황에서의
확실한 즐거움

　삶의 불확실성을 받아들일 때 즐거움을 누릴 가능성은 더욱 커진다. 삶의 불확실한 측면을 기꺼이 받아들이고, 통제할 수 없는 상황에 처할 때조차 의욕을 불태워보자. 성공 지향적인 나우이스트는 어떤 상황에서든 효율적이라고 생각하는 기회를 향해 자연스럽게 나아간다. 하지만 성공 가능성이 높은 상황에서는 의욕도 덜 보이고, 그 결과에도 별로 만족하지 않는다. 나우이스트는 미지의 상황에서 궁극의 즐거움을 느끼므로 불확실성 속에서 성공에 대한 기대에 부푼다.

　불확실한 상황에는 가능성이 내재되어 있고, 주변의 반대나 비판에 저항하는 자신의 능력을 입증할 수 있다는 희망도 있기에 매력적이고 고무적이다. 온라인 광고 두 편을 본 후 어느 광고를 선호하는지에 대해 질문을 받은 '불확실성 지향' 참가자들의 반응을 살펴보도록 하자.

광고 한 편에서는 어떤 코미디언을 '차세대 거물이 될 사람'이라고 설명하고, 다른 한 편에서는 '차세대 거물이 될 가능성이 높은 사람'이라고 설명했다. 이 경우 사람들은 대체로 두 번째 광고를 선택했다. '불확실성'이 가능성을 내재하고 있기 때문이다. 결정적으로 가능성을 중시하는 태도는 지금 당장뿐 아니라 장기적으로도 큰 도움이 된다.

불확실한 성공을 추구한다는 말은 곧 일이 생각대로 되지 않아 즐거움을 느끼지 못할 때를 최악이라고 생각한다는 뜻이다. 이 단순한 논리가 정반대로 작용하는 경우도 있다. 일이 잘 풀리지 않을 때 그 상황 자체보다 자신에 대한 실망으로 고통받으며 그 이후의 판단을 제대로 하지 못하는 사람들도 있다. 실패를 두려워하는 이들의 문제는 이러한 사고방식으로 인해 즐거움을 누릴 기회조차 놓쳐버릴지 모른다는 데 있다. 이런 부류의 사람들은 삶의 불가피한 속성인 불확실성을 회피하려 한다. 하지만 이는 아무 쓸모도 없고 비생산적이며, 시간만 축내는 발상일 뿐이다. 기쁨이란 실패의 가능성과 불확실성을 감수해야 찾아온다. 그저 힘든 일에 열심히 참여하기만 한다면 집중력의 혜택을 얻을지는 모르지만, 진정한 즐거움은 등을 돌리고 만다.

변화를 꿈꾸고, 새로움을 추구하는 나우이스트는 불확실성을 지향한다. 나우이스트는 자신의 새로운 면을 일깨워주는 새로운 업무에서 성공하고 싶어 하고, 자기 계발을 하며 앞으로 나아가는 느낌을 생생하게 느끼고 싶어 한다. 이러한 성향은 어려운 과제에 정면으로 승부하려는 욕구에서 기인한다. 나우이스트는 본능적으로 구속을 덜 받는 상황을 선택하거나, 어떤 상황이든 구속을 덜 받는 상태에서 행동하는 쪽을 선택한다. 그래서 전진을 가로막는 장애물을 제거하고, 장애물 제거를 성과의 일부로 삼거나, 내부의 문화적 장벽은 거의 없어 보이더라도 성공 가능성이 불투명한 곳에서 도전하며 일하려 한다.

억만장자 사업가 엘론 머스크의 경우를 생각해보자. 그는 열두 살의 나이에 직접 만든 컴퓨터 소프트웨어를 잡지사에 500달러에 팔았다. 스물두 살에는 첫 번째 스타트업(신생 벤처기업)에서 발생한 지분을 2,200만 달러에 팔았다. 서른 살에는 페이팔 주식을 1억 6,500만 달러에 팔았다. 그러더니 태양에너지를 에너지의 주요 공급원으로 만들고, 전 세계의 자동차를 배터리 구동 차로 전환하고, 달을 식민지로 삼겠다는 계획을 세우고 그

불가능해 보이는 세 분야에 그 돈을 전부 투자했다. 이 일화의 핵심은 머스크의 경우 최후에 보상을 거둘 가능성이 적을수록 자신의 벤처사업을 성공시키겠다는 욕구가 더 커졌다는 점이다. 머스크에게 있어서 이 계획들은 그저 단순한 도박이 아니라 불확실성을 수용하겠다는 하나의 의지였다.

불확실성에는 실패할지도 모르는 도전이 수반된다. 실패할 수도 있다는 것은 아무도 시도하지 않은 도전이거나, 추후 성공 가능성에 의문이 생길 만큼 어려운 도전이라는 뜻이다. 하지만 그렇다고 반드시 실패하는 것은 아니다. 성공 여부가 불투명하다는 점이 더 빨리 시작하고 싶은 의지를 불태울 수 있다. 걱정 없는 상태, 끝도 없이 과도하게 집중하는 상태를 뛰어넘어보자. 지루하지 않은 것은 지루한 것보다는 낫지만, 행동하고 싶게 부추기는 욕구가 그보다 한 수 위다.

시간을
스스로 통제하라

나우이스트는 조금씩 발전해나가는 데서 즐거움을 느끼므로 계속해서 앞으로 나아가는 데 시간을 쏟는다. 이와 같은 나우이스트의 사고방식을 갖추게 되면 시간과의 관계가 놀랍도록 달라진다.

나우이스트는 시간의 지배를 받기보다는 스스로 시간을 지배한다고 느낀다. 강력한 체내 시계가 있어 서로 다른 임무가 얼마나 걸릴지도 알고 있다. 이 말은 곧 계속 추진력을 유지하여 연속적으로 진행되는 작업을 실수 없이 해낼 수 있다는 뜻이다.

경험이 풍부한 제트족이나 배낭여행객이 일정표나 교통수

단의 서로 다른 특성을 다 꿰고 있듯이, 나우이스트는 미래에 제시간에 끝내기 위해 자신이 해야 할 일과 다른 사람들이 할 일을 일사분란하게 정리하는 데 본능적으로 뛰어나다. 이에 대한 증거는 사람에 따라 '시간 통제감'이 어떻게 다른지 조사한 로마 심리학자들의 연구에서 밝혀졌다. 이 연구에서 '이랬으면 어땠을까', '저럴 수도 있지 않았을까' 등 과거에 지나치게 연연하는 사람은 현재의 행동이나 미래의 결과를 좀처럼 통제할 수 없다는 결과가 나왔다. 이처럼 과거의 일에 너무 얽매인다면 독특한 아이디어를 떠올려 새로운 일을 추진할 수 없다. 어떤 일을 할 때 아이디어를 행동으로 옮기는 요령을 깨우치지 않으면 새로운 도전을 하는 데 있어 자신감도 잃게 될 것이다.

> **삶은 바쁘지 않으려고 서두르는 사이에 일어나는 사건들의 연속이다.**

통제할 수 없는 시간에 휘둘리는 대신 시간을 친구로 받아들여보자. 과거, 현재, 미래를 활용하여 필요한 시점에 최대한 자연스럽게 행동할 수 있는 길을 찾아내야 한다. 신속하게 행동하는 접근방식을 통해 행위를 연속적으로 이어간다면 막힘없이 앞으로 나아갈 수 있다. 지금 당장 시작하고, 꾸준히 발전해나갈 수 있는 길을 찾아보자.

미래는 행위와 판단이 순차적으로 연결된 하나의 흐름이다.

그리고 선택은 연속적인 행위를 연결하는 데 도움이 되는 판단이다. 한 번의 판단이 여러 가지 연속적인 행위와 연결되어 있으므로 여러 번 판단할 필요도 없다. 시간을 스스로 통제하게 되면 무가치해 보이는 개별 업무를 따르기보다 과거, 현재, 미래 모두 동시에 발전하는 즐거움을 누릴 수 있다.

발전해나가고자 하는 욕구를 수용하는 법을 배우면서, 목적 없이 방황하기보다 확고한 목적의식과 장기적인 안목에 따라 행동의 목적을 조율해야 한다. 계획을 세우면 활동을 꾸준히 이어가며, 각 업무의 보상을 즐기면서 업무를 해나가는 동안 목적이 뚜렷한 상태를 유지할 수 있다. 동시에 여러 가지 일을 하면서 여러 업무를 최대한 효율적으로 병행할 기회도 즐길 수 있다. 여러 가지 일을 동시에 하면 더 빨리 앞으로 나아갈 수 있고, 업무를 효율적으로 병행하면 더 많은 변화를 위해 시간을 활용할 수 있기 때문이다.

일시적 즐거움과
본능적 자극에도 이점이 있다

대중매체에서는 흔히 일시적 즐거움이나 본능적 자극은 무조건 잘못된 일인 양 깎아내린다. 앞서 살펴본 즉흥성과 마찬가지로 일시적 즐거움이나 본능적 자극은 하나같이 부정적인 결과를 초래하는 것으로 간주되어왔다. 그런데 반드시 그렇다고 장담할 수 있을까?

나우이스트는 본능적으로 앞으로 나아가려는 욕망을 따르기 때문에 행동과 속도의 감각에서 비롯되는 보상에 특히 빠르게 반응한다. 그들이 긴 시간 동안 비생산적인 회의에 참석하면서 만족할 가능성은 거의 없다. 아무 일도 생기지 않고, 생길 가능성도 없을 때에는 더더욱 그렇다. 나우이스트에게 할 일이 없는 상황은 그야말로 고문이다. 나우이스트는 어렸을 적 지루함을 느끼면 좀처럼 안절부절못했을 것이다. 하지만 다행히도 성인이 되면 행동으로 옮길 만한 계기를 만들고, 좋은 일을 추진하는 데 더 능숙해진다.

한 연구진이 다양한 직업군과 기관에서 다양한 역할을 수행하는 5,000명의 사람들을 평가해본 결과, 두 가지 유형의 감각 추구자들이 존재한다는 사실을 발견했다. 바로 '반사회적 유형'과 '기업가 유형'이다. 반사회적 유형은 문제를 일으키고 다른 사람을 괴롭히는 행동으로 지루함에서 탈출하고 스릴을 느끼려 한다. 한편 기업가 유형은 낯선 경쟁 무대에서 새로운 기술을 익히려 노력하고, 자기 자신에게 도전하면서 만족을 얻는다. 지루함을 이겨낼 해결책을 찾아내는 것이다.

또 하나의 통찰력 있는 실험에서도 나우이스트와 나우이스트가 아닌 그룹을 모집했다. 참가자들은 12개의 가능한 숫자 조합에서 일련의 두 자리 숫자로 된 96개의 숫자가 무작위로 표시되는 컴퓨터 화면을 지켜보아야 했다. 연구진은 숫자 중 절반은 나쁜 숫자로, 나머지 절반은 좋은 숫자로 지정했다. 그리고 참가자들에게 좋은 쪽에 속한다고 생각하는 숫자에 버튼을 누르고, 나쁜 쪽에 속한다고 생각하는 숫자에는 버튼을 누르지 않도록 요청했다. 이 실험에서 참가자들은 어떤 숫자가 좋고 나쁜지 짐작해야 했는데, 이때 자신의 추측이 정확한지 아닌지에 대해서는 화면에 나타나는 부분적인 피드백을 기준으로 삼았다.

참가자 중 절반인 보상 그룹은 정확하게 버튼을 눌렀을 때 약 80퍼센트의 비율로 옳다는 피드백을 받았고, 버튼을 잘못 눌렀을 때에는 단 25퍼센트의 비율로 틀렸다는 피드백을 받았다. 다른 절반인 처벌 그룹은 잘못된 선택에 대해 80퍼센트, 올바른 선택에 대해 25퍼센트의 피드백을 받았다. 여기서 나우이스트들은 정확하게 추측하고 옳다는 피드백을 많이 받았을 때의 결과가 훨씬 더 좋았다. 그들은 꾸준히 발전해나가는 데 도움이 되는 정보를 원하므로 이는 자연스러운 결과다. 올바른 방향에 대한 긍정적인 피드백은 나우이스트로 하여금 다음 행보에 박차를 가하게 한다.

행동하는 동시에 생각하려는 본능은 계속 활동하게 만드는 원동력이 된다. 런던과 옥스퍼드의 신경과학자 팀은 나우이스트가 특정 환경에 처했을 때 보이는 놀랍도록 강력한 장점에 대해 조사했다. 연구진은 적색등이 황색등으로 변하고, 이후 연달아 녹색등으로 바뀌는 교통 신호등 테스트를 준비했다. 그리고 참가자들에게 녹색등으로 바뀌자마자 곧장 버튼을 누르도록 했다. 참가자들은 버튼을 너무 빨리 누르면 소액의 벌금을 내야 했고, 녹색등으로 변하는 순간에 가깝게 버튼을 누를 수록 더 큰 보상을 받았다. 참가자들의 예측 능력, 그리고 자신의 예측 능력에 기꺼이 내기를 걸 수 있는 능력을 알아보는 테스트였다. 이때 미리 앞서 생각하는 능력이 결여된 사람들은 생각이 많은 나머지 기회를 포착하지 못하는 경향을 보였다.

해야 할 일이 있다면
즉시 시작하라

단거리 마라톤 선수들이 경기에 앞서 출발 준비를 하듯이, 행동을 즐기는 능력 이면에 필요한 핵심 요소는 무언가를 시작하게 하는 능력이다. 그리고 지금 당장 시작하는 능력이다.

나우이스트의 사고방식을 갖추면 자신을 앞으로 나아가게 하는 것은 무엇이든 찾아 나서게 된다. 나아가야 할 이유, 시작해야 할 이유, 변해야 할 이유, 계속해야 할 이유, 계속 버티는 방법을 찾게 된다. 나우이스트는 더 쉽게 시작하기 위해 미래를 현재와 같이 생생하게 상상하는 능력이 뛰어나다. 마감일이 가까울수록 시작하려는 동기가 커지기 쉬우므로 마음속으로 모종의 속임수를 동원해 현재를 업무 마감일이라고 생각한다.

실생활을 배경으로 진행한 어느 연구에서 농부들은 계좌 개설 마감일을 지킬 것을 요청받았다. 한 그룹은 올해 12월이 마감이었고, 다른 그룹은 내년 1월이 마감이었다. 실제로 두 그룹의 마감은 불과 한 달 차이였지만, 이 차이에 따라 참가자들의 행동은 완전히 달라졌다. 첫 번째 그룹의 농부들은 12월 마감일을 현재처럼 느껴 즉시 계좌를 개설하는 경우가 많았다. 하지만 내년 1월은 현재처럼 다가오지 않았기 때문에 두 번째 그룹의 농부들은 계좌 개설을 늦추었다.

나우이스트는 자연스럽게 미래의 자신에게 중요한 우선순위를 현재로 이동시킬 수 있기 때문에 오랫동안 기다리지 않고 최대한 빨리 시작할 가능성이 높다. 최대한 일찍 시작한다는 말은 절대 늦장을 부리거나 꾸물거리지 않는다는 뜻이다. 그리고 실제로 늦게 시작할 때보다 그리 효율적이거나 편리하지 않은 업무에서도 즉시 시작하는 경우가 훨씬 더 많다.

비효율적일 수 있는데도 즉시 시작하려는 욕망은 '지연 포기 precrastination'로 분류되는 성향이다. 지연 포기는 한 심리학자 팀이 만든 명칭으로, 연구진은 모래 양동이 두 개, 통로, 플랫폼을 사용한 실험 도중 뜻밖의 발견을 하게 되었다. 이 실험에서 참가자들은 두 양동이 중 어느 양동이를 어느 플랫폼에 놓을지 결정해야 했다.

이때 연구진은 사람들이 플랫폼에서 가장 가까운 곳에 있는 양동이를 선택할 것이라고 예상했다. 그것이 가장 편리한 방법이었기 때문이다. 하지만 자신에게 가장 가까운 곳에 있는 양동이를 선택하는 참가자들이 훨씬 더 많았다. 양동이를 들고 멀리 이동해야 하는 경우에도 마찬가지였다. 참가자들은 일단 시작하고, 다음 작업을 하기 위해 생각할 시간과 정신적인 에너지를 아끼는 쪽을 선호했다.

세계 정상급 암벽 등반가들의 접근방식에서도 이 같은 패턴을 찾아볼 수 있다. 암벽 등반가들은 등반을 시작하기에 앞서 감정적으로나 정신적으로 기분이 고조되고 초조해진다. 그들은 다른 사람들이 아래를 내려다볼 때 앞을 내다본다. 등반 경로를 미리 내다보고, 암벽 등반을 할 때 손으로 잡을 수 있는 홀드와 정상, 산기슭뿐 아니라 홀드와 장애물 조합까지 파악한다. 각 등반의 가장 어려운 지점을 예측하고, 올라가는 동안 미리 준비한다.

심리학자 팀은 세계적인 속도 등반 대회의 승자들이 등반의 단순한 구간에서는 더 빨리 올라가고, 어려운 구간에 도달하기 바로 직전에는 더 천천히 움직이기 시작한다는 사실을 알아냈다. 유능한 등반가들은 앞을 내다보고 나서 한 걸음 더 도약하기 위해 힘을 아껴둔다. 등반 구간에는 도약할 지점이 있고, 빠르고 유연하게 움직이지 않으면 극복할 수 없는 도전의 일환이므로 이는 현명한 판단이다.

흔히 초보 등반가는 등반의 모든 지점을 계속 같은 속도로 올라가다가 결국 오도 가도 못하는 신세가 된다. 조금씩 더 올라가려 애쓰지만 점점 힘에 부치기만 한다. 등반을 시작하기 전 땅 위에 있을 때에는 멀리서 바라볼 기회를 놓쳐버리고, 가까이에 있을 때에는 문제의 본질을 파악하지 못한다. 시야가 가로막힌 등반가는 손가락 끝부터 떨리고, 종아리도 후들거리는 데다 피로가 무섭게 온몸을 파고들기 때문에 탈진해서 꼼짝도 못한다. 떨어질까 봐 두렵고, 뛰어오를 용기도 내지 못해 그 자리에 머물러 있기만 한다. 너무 겁을 먹었거나, 이미 실수를 돌이킬 수 없는 지경이라 꼼짝없이 고통스러운 상황에 갇혀 있을 뿐이다.

경험을 충분히 쌓았다면 부드럽고 편안한 전진 운동을 취하기 위해 더 많은 시간과 공간을 확보하기 시작해야 한다. 해야 할 일을 쉽게 접근할 수 있는 반경 내에 두고, 어차피 해야 할 일은 즉시 처리하는 것이 좋다. 빠르게 나아갔다가 그 후 속도를 늦출지언정 항상 도약을 위한 경로를 모색해야 한다.

나아가고자 하는
욕망이 주는 행복

이른 아침은 무언가의 방해 없이 활기찬 에너지 상태로 빠져들기 좋은 시간이다. 여러 가지 부담에서 벗어나 자유로운 시간을 즐길 수도 있다. 이동 성향이 강한 사람들은 아침형 인간일 가능성이 높다는 연구 결과가 있다. 아침 시간을 활용하면 하루 종일 여러 가지 활동을 즐겁게 해나갈 수 있는 마음의 준비를 할 수 있어 효과적이다.

이탈리아 학생들을 대상으로 한 연구에서 학생들은 아침형 선호도와 이동 성향을 다룬 질문지에 답할 것을 요청받았다. 연구 결과에 따르면 두 성향 사이에는 밀접한 상관관계가 있었다. 연구진은 두 가지 선호 성향이 어떻게 상호적으로 서로를 강화하는지 추측해보았다. 그리고 아침형 성향은 나아가고 싶어 하는 욕망에서 비롯되고, 나아가고 싶어 하는 욕망이 아침에 일찍 움직이게 만들 수 있다고 생각했다. 그들은 또한 이동 성향이 강한 사람들이 어떻게 아침형에서 저녁형으로 유연하게 움직임을 전환할 수 있는지도 추측해보았다.

나우이스트의 경우 이동 성향을 계속 유지하고 싶어 하며 밤 늦게까지 편안한 상태로 일할 때도 많다. 다양한 활동을 즐기고, 자신이 좋아하는 일들 사이의 흐름을 즐기기 때문에 스트레스와 강박에 빠지기보다 조화와 열정 속에서 일에 몰두한다.

어떤 나우이스트는 직원들과 하루 종일 일한 다음, 밤에는 어둠 속에서 바닥에 돌을 깔고 정원 가장자리를 매만지며 조경 일을 한다. 정원에서 있을 자신의 50세 생일 파티가 시작되기 전에 정원 일을 마무리하고, 새벽 4시에 일어나 고객이 요청한 문서 작업을 완료한 후 집에 돌아와 가족들과 테라스에서 맥주를 마시며 웃음을 터트린다. 하지만 그는 이런 일상이 힘들기는커녕 오히려 즐겁기만 하다.

때로는 강박적인 열정이 위험할 수도 있다. 그렇지만 아무것도 하지 않을 때보다는 행동과 전진 운동을 중시할 때 힘겨운 상황에서도 보다 유연하게 대처할 수 있다. 이와 같은 유연한 자세는 우리의 성장을 더욱 앞당겨준다. 어떤 일을 하는 도중에 다른 목표나 기회를 좇을 때도 있는데, 이때 다른 일도 현재 하는 일과 마찬가지로 중요하다고 생각해야 한다. 수시로 관심을 전환하는 일에도 주저하지 않아야 한다. 시간이 좀 걸리기도 하고, 오래 걸릴 때도 있지만 한 가지의 단조로운 강박에 사로잡혀 있기보다 여러 가지 일을 진행할 때 더 큰 가치를 발견할 수 있다.

자신의 일을 사랑하며 그 일에 열정을 쏟고 행동하는 데서 즐거움을 느끼다 보면 부정적인 스트레스를 받지 않고 열정적으로 일에 몰두할 수 있다. 다른 사람들보다 더 쉽게 마라톤 훈련을 받고, 마라톤을 완주할 수도 있다. 달리고 싶은 욕망이 누군가를 이기려 하거나, 즐거움을 주려는 것이 아닌 앞으로 나아가고 있다는 즐거움에서 나오기 때문이다. 힘들게 장거리를 달리는 것에 대한 가장 큰 보상은 바로 앞으로 나아간다는 즐거움 자체다. 그러면 다른 사람들보다 더 오래 일하더라도 지치지 않고 활력을 유지할 수 있다. 움직임, 업무, 물리적 혹은 정신적인 노력을 통해 몸은 피곤해도 뿌듯한 행복을 느낄 수 있다.

과도한 스트레스,
과도한 욕망에서 벗어나라

때로는 스트레스를 피할 수 없는 상황에 닥치기도 하는데, 그럴 때 나우이스트는 스트레스 수위를 조절하고 꾸준히 앞으로 나아간다. 탈진의 징후를 파악하고 스트레스 반응, 일에 대한 집중도나 비중을 효과적으로 조절하는 것이 중요하다.

자신의 한계를 넘어서면 더 강해질 수도 있으므로 일을 진행하는 데 있어 소극적으로 대처하고 있다는 기분이 든다면 속도를 높여보는 것도 좋다. 일단 당장 움직여라. 작은 일부터 성취해보라. 자신이 즐길 수 있는 일을 찾아서 하라. 자신을 발전시켜주는 것이 있다면 무엇이든 받아들여라. 그리고 다시 시작하라.

자신의 한계를 넘어서기 위해 짧은 시간 동안 몰입할 수는 있겠지만, 한계를 넘어섰음에도 지나치게 밀어붙이면 부정적인 결과가 생긴다. 과도한 스트레스로 인해 강하고 유연해져야 할 시기에 나약하고 불안정해질 수도 있다. 스스로 주체할 수 없다는 생각이 들거나, 감당할 수 없는 수준에 도달했다고 느껴질 때에는 다른 선택의 여지는 없는지 찾아보자.

때때로 지나치게 많은 일을 떠맡게 될 때에는 그 일이 도저히 끝날 것 같지 않은 기분이 들기도 한다. 너무 열심히 일하려 하거나, 지나치게 완벽해지려 하거나, 모두를 즐겁게 하려는 욕망이 우리의 발목을 잡고 지치게 만들 때에는 그 욕망을 내려놓는 것도 하나의 방법이다. 자신을 강하게 하기는커녕 나약하게 만드는 업무와 기대치는 놓아버리자. 그리고 도저히 혼자서 감당하기 어려울 때에는 다른 사람에게 도움을 청하며 해결책을 모색하는 편이 나을 수도 있다.

후회 최소화
전략

누구나 매사가 항상 순탄하기만 할 수는 없고, 어차피 모든 일이 잘 풀리기만 해도 삶이 지루하게 느껴질 수 있다. 제프 베조스가 아마존닷컴을 시작한 일화는 '후회 최소화 전략'의 한 가지 사례로 유명하다. 그는 80세가 되어 삶을 되돌아보는 상상을 했다고 한다. 그리고 인터넷 스타트업을 창업한 일은 실패하더라도 절대 후회하지 않겠지만, 아이디어를 행동에 옮기려는 시도를 하지 않으면 후회할 것 같다는 결론을 내렸다.

행동 지향적인 사람들 역시 후회를 최소화하려 한다. 그래서 훗날 과거를 뒤돌아보며 '그때 행동했더라면 어땠을까' 하는 미련을 남기지 않기 위해 애초에 행동하지 않아 후회할 만한 일이 없도록 노력한다. 스트레스를 받는 상황에서 훨씬 더 쉽게 벗어나 방향을 전환할 수 있는 이유도 이렇게 후회를 최소화하려 애쓰기 때문이다.

스트레스를 받는 상황에 빠져 있다 보면 심각하게 뒤처질 수 있다. 잡을 수 있었던 기회도 놓쳐버릴 확률이 크기 때문이다. 한 번의 기회를 놓쳤다는 후회 때문에 더 많은 기회에 집중하지 못하다 보면 결과적으로 계속해서 기회를 잃고 만다. 가령 원하는 팀에 선발되지 않았거나, 원하는 회사에 채용되지 못했다는 이유로 더 이상 어떤 노력이나 시도도 하지 않고 후회만 거듭하다 보면 다양한 기회를 놓치고, 갖고 있던 에너지마저 낭비하게 된다.

심리학자들은 수차례의 실험에서 기회를 놓친 사람들의 반응을 살펴본 후, 사람들이 일반적으로 이미 놓쳐버린 기회와 비교하며 새로운 기회를 과소평가한다는 사실을 확인했다. 이런 경향은 헬스클럽의 특가 제공이나 해외여행의 고급관광 할인상품을 놓쳤을 때에도 어김없이 나타났다.

많은 사람들이 과거가 이미 지나가버렸음을 인정하지 못한다. 그리고 괜한 걱정을 하는 데 너무 많은 에너지를 낭비하느라 좀처럼 기회를 잡지 못한다. 놓쳐버린 기회, 했어야 하는 말이나 일을 걱정하느라 바로 눈앞의 기회마저 놓치고 만다. 이미 써버린 시간이나 노력, 돈에 대해서도 걱정한다. 이런 과정을 되풀이하며, 예전에 이미 낭비했고 다시 돌이킬 수도 없는 기회를 걱정하느라 결코 돌아올 수 없는 순간마저 낭비하기도 한다.

걱정과 자기비판만 하다 보면 삶이 온통 엉망진창이 되어버린다. 헤비급 복서 섀넌 브릭스는 타이틀전에서 패배했을 때 실패했다는 사실에 지나치게 집착했다. 그래서 자포자기하는 심정으로 패스트푸드를 마구 먹어치우기 시작해 건강에 해로운 지방을 무려 150파운드나 더 찌우고 말았다. 게다가 아이들과 놀고 그저 즐기기만 하는 데 100만 달러의 대전료를 전부 탕진해버렸다.

어느 날 섀넌은 거울에 비친 자신을 보며 이렇게 혼잣말을 했다. "다시 시작해보자, 챔피언." 이 순간 그는 다시 앞으로 나아가게 되었다. 앞으로 나아가면서 살도 빼고 "다시 시작해보자, 챔피언"이라는 말로 스스로 용기를 북돋았다. 이 말은 경기에 임하는 구호가 되었고, 그는 다시 도전하게 되었다.

지나가버린 기회를 후회하는 대신 지금 눈앞에 놓인 기회를 붙잡도록 노력해야 한다. 지나간 일에 대한 상실감을 떨치고 지금 일어나고 앞으로 일어날 일을 받아들이는 자세가 필요하다. 그러면 이미 투자한 노력이 수포로 돌아간다고 해도 얼마든지 긍정적으로 방향을 전환할 수 있다.

어떤 일에 이미 시간과 에너지를 투자했다면 이제 더 이상 노력해도 소용이 없다는 사실을 알면서도 멈추기 힘들 수 있다. 시간과 에너지, 돈을 되찾을 수 없는데도 단념하기 무척 어려울 때도 있다. 이런 현상을 '매몰비용의 오류'라고 한다. 매몰비용의 오류에 대해 조사하는 실험에서 참가자들은 항공회사의 중역이 되어 딜레마를 해결해야 한다고 생각해보라는 요청을 받았다.

첫 번째 딜레마에서는 레이더를 피할 수 있는 정찰기에 1억 달러를 투자한 상황에 경쟁사에서 자사의 정찰기보다 성능이 확실히 더 뛰어난 정찰기를 출시했다는 사실을 알게 되었다. 그렇다면 정찰기 작업을 완료하기 위해 또다시 천만 달러를 투자하겠는가?

두 번째 딜레마에서는 경쟁사가 같은 아이디어로 더 좋은 정찰기를 출시했는데도 한 직원이 여전히 레이더를 피할 수 있는 정찰기 개발에 천만 달러를 더 투자해야 한다고 주장했다. 그렇다면 정찰기를 개발하기 위해 천만 달러를 투자하겠는가?

연구 결과에 따르면 사람들은 이미 더 많은 돈을 써버렸을 때 더 많은 돈을 투자하는 쪽으로 치우친다고 한다. 투자한 금액을 보장받고 싶은 마음이 너무 큰 나머지 명확하게 사고하지 못하는 사람들이 많다. 이미 투자한 금액을 보장받기 위해 덫에 갇혀버리고 마는 것이다. 투자 금액을 보장받으려 애쓰기보다는 앞으로 자신의 발전에 도움이 되는지, 그렇지 않은지를 판단해 투자 결정을 내려야 한다.

과거를 돌아보느라 시간을 낭비해서는 안 된다. 과거 속에 살기보다 지난 경험에서 얻은 교훈과 좋은 기억, 과거에 느끼고 깨달은 바를 능숙하게 현재에 적용해보자. 짐을 가볍게 챙기고 최대한 빨리 움직여라. 일단 편안하게 앞으로 나아가기 시작하면 계속 앞을 내다보면서 꾸준히 나아갈 수 있다.

제3장

편안하게 생각하며
빠르게 행동하라

　　꾸준히 앞으로 나아가겠다는 목적을 위해 생각도 하지 않고 행동부터 하려는 사람들이 있다. 하지만 현명하게 행동하려면 행동하는 동시에 생각하는 능력을 개발해야 한다. 지금 일어나는 상황을 빠르게 감지하는 능력과 몇 단계, 몇 년 앞을 내다보면서 지금 즉시 선택하고 편안하게 결정을 내리는 능력을 배양해야 한다.

완벽주의가
추진력을 방해한다

　편안한 것을 선호한다고 해서 게으르거나 미성숙한 것은 아니다. 편안하게 생각하는 것은 어린 시절과 그 이후 성장하는 신경망인 더욱 진보적인 형태의 인지 시스템을 따른다. 아이들은 대체로 세부적인 내용을 살펴보는 '계산적 추론' 방식에 의존하는 반면, 성인들은 세부적인 내용이 무엇을 의미하는지 이해하는 '직관적 추론' 방식을 따른다. 계산적 추론을 하기가 더힘들어서가 아니라 매우 타당한 근거에 따라 굳이 계산할 필요가 없다고 판단하기 때문이다.

　편안하게 생각하기 위해 알아두어야 할 몇 가지 원칙이 있다.

　첫 번째로, 힘들게 노력한다고 해서 항상 결과가 좋은 것은 아니라는 점을 이해해야 한다. 힘들게 노력하지 않고 비슷하게 흉내만 내도 충분할 때가 많다. 가령 스무 명의 사람이 참석하는 파티를 준비하면서 피자를 주문한다고 생각해보자.

한 판에 여덟 조각이 나오고, 한 명당 두 조각씩 먹는다고 가정하면 대략 다섯 판의 피자를 주문해야 한다. 지난번에 피자 다섯 판을 주문했을 때 이번 파티와 거의 비슷한 인원이 빠르게 잘 먹었던 것을 떠올리고 다섯 판을 주문하면 간단하다. 그런데 만약 더 정확하게 계산하려 파티에 오지 않는 사람들은 몇 명일지, 사람들이 도착하기 전에 뭘 먹고 오지는 않을지, 혹시 다이어트 하는 사람은 없을지 일일이 생각하다 보면 아무리 세상에서 계산 능력이 가장 뛰어난 슈퍼컴퓨터를 동원해도 파티에 딱 맞는 완벽한 양의 피자를 주문하기란 쉽지 않을 것이다.

완벽하게 딱 맞는 양의 피자를 주문하려고 아무리 계산해보아도 그 숫자는 언제든 바뀔 수 있다. 피자의 양은 손님들의 식성에 따라서도 달라질 수 있다. 이렇게 변수가 많은 상황에서도 여전히 피자의 양을 완벽하게 계산하려고 애쓰면서 무한한 가능성의 함정에 빠져버리는 사람들이 있다. 하지만 이 수많은 가능성 중 정확한 하나의 답을 찾기는 어렵다. 또 파티 준비를 하면서 해야 할 일들, 실제로 피자를 주문하거나 집 안을 장식하는 데 쓰면 좋았을 시간을 쓸데없이 낭비해버리기도 쉽다.

편안하게 생각하는 데 도움이 되는 두 번째 원칙은, 계산을 통해 모든 것의 합은 알아낼지언정 아무런 의미를 발견하지 못할 수도 있는 사실을 이해해야 한다. 유아기에 발달하는 신경망은 두 가지 종류의 기억에 의존한다. 오직 사실 중심의 얕은 '축어적 기억verbatim memory'과 주로 의미 중심의 깊은 '요지적 기억gist memory'이 그것이다. 청소년기까지는 사실 중심의 기억을 사용하고, 경제학자와 같은 접근방식으로 논리를 전개할 가능성이 높다. 얼마나 위험한지 제대로 따져보지도 않고 오직 확률만 생각하기 때문에 성인들의 눈에는 무모한 위험을 감수하는 것처럼 보이기도 한다.

청소년기의 뇌는 무방비한 성관계가 임신이나 질병으로 연결될 수 있다는 점을 간과해버린다. 교통사고가 발생할 확률만 보고 안전벨트 착용을 거부하기도 한다. 폐암이 걸릴 확률만

완벽하기보다 완수하는 것이 더 좋다.

보고 담배에 불을 붙이기도 한다. 하지만 계산과 확률에만 매달리다 보면, 러시안룰렛 (연발권총에 하나의 총알만 넣고 머리에 총을 겨누어 방아쇠를 당기는 목숨을 건 게임)처럼 위험천만한 확률도 죽음이라는 최후의 결말을 떠올리지 않고 대수롭지 않게 받아들이게 될지 모른다.

편안하게 추론과 기억에 접근하는 방식을 이해하기에 적합한 사례가 있다. 사례들 중 일부는 신경과학자 발레리 레이나와 동료들이 고안한 흥미로운 실험에서 도출되었다. 실험 참가자들은 대부분 통계학과 학생들로, 빨간색과 파란색 대리석을 함께 넣은 상자 두 개와 관련된 문제를 풀어야 했다.

상자 X에는 항상 9개의 빨간 대리석과 1개의 파란 대리석이 들어 있었다. 그리고 상자 Y에 들어 있는 대리석의 비율은 계속 변했다. 이때 상자 Y에 들어 있는 대리석의 비율은 다음과 같았다.

(a) 95개의 대리석 중 85개는 빨간색이고, 10개는 파란색이다.

(b) 100개의 대리석 중 90개는 빨간색이고, 10개는 파란색이다.

(c) 105개의 대리석 중 95개는 빨간색이고, 10개는 파란색이다.

참가자들은 상자 Y의 대체 값에 대해 상자 X 혹은 Y가 빨간 대리석을 선택하기에 가장 좋은 기회를 제공했는지 판단하거나, 아니면 어떤 상자를 고르는가는 그리 중요하지 않다는 사실을 설명해야 했다. 참가자 절반의 경우 작업을 완료하기까지 시간제한이 없었고, 상자 Y에 포함된 대리석의 비율에 따라 소요되는 시간도 각기 달랐다. (a)를 선택한 그룹이 약 37초로 가장 오래 걸렸고, (c)를 선택한 그룹이 31초로 두 번째, (b)를 선택한 그룹이 17초로 가장 빨리 끝났다. 다른 절반의 그룹은 문제를 읽고 대답하는 데 단 10초가 걸렸다. 놀랍게도 연구진이 주목한 바와 같이 참가자들이 저마다의 속도에 따랐을 경우 65%의 정확성을, 시간제한이 있는 경우 64%의 정확성을 보였다. 왜 이런 현상이 발생한 것일까?

이 실험에서 가장 좋은 성과를 보인 사람들은 요점을 중심으로 편안하고 빠르게 사고한다는 결과가 나왔다. 성과가 좋은 사람들 중에 시간을 더 많이 사용하는 경우도 있었지만, 그렇다고 해서 정확하게 답변하기 위해 시간을 더 필요로 하지는 않았다. 이들의 결정이 빠르고 정확했기 때문에 나우이스트처럼 정확성보다 속도를 더 중시하는 사람들 역시 정확성이 거의 떨어지지 않는다는 놀라운 결과가 나온 것이다.

천천히 한다고 해서 반드시 더 정확한 것은 아니다. 완벽한 답을 찾느라 오래 생각하고 천천히 노력한 시간이 그냥 낭비한 시간만도 못할 때가 많다. 지나친 고민으로 추진력을 잃고 마는 사고방식이 우위를 점하게 된다면 편안한 결정을 방해하는 뇌의 일부가 작동하게 될 것이다.

잡다한 걱정이나
망상을 제거하라

어느 신경과학자 팀이 이른바 '엔백 테스트 n-back test'를 실시하기 위해 사람들을 모집했을 때 생겼던 일을 들여다보자.

테스트 참가자들은 일련의 3D 화면을 보고 나서 지금 눈앞의 형상이 몇 단계 앞서 지켜본 형상과 여러 가지 측면에서 일치하는지, 그렇지 않은지에 대한 질문을 받았다. 이때 특히 빠르고 정확하게 대답한 사람들은 두뇌의 전두엽 피질에 있는 매우 정확한 기억 영역을 사용한 것으로 나타났다. 반면 더 많이 실수하고 더 느리게 대답한 사람들은 더욱 산만한 접근방식을 취함으로써 두뇌에서 기억과 관련이 없는 영역이 개입하는 현상을 보였다. 이들은 갈등을 관리할 때 필요한 영역을 사용하거나, 멍한 상태 혹은 몽상에 빠졌을 때 활발해지는 영역, 의학 용어로 '디폴트 모드 네트워크default mode network'를 사용했다. 흔히 어떤 가정을 세우거나, 정체성에 대해 숙고하는 역할을 담당하는 이 부분은 테스트에 필요한 능력과는 전혀 상관이 없고, 오히려 정신을 산만하게 하거나 방해만 될 뿐이었다. 쉽게 설명하자면 두뇌 기능이 엉뚱하게 잘못 작동하는 바람에 눈앞의 업무에 관심을 기울이지 못하게 되었던 것이다.

이 테스트 결과는 프로 테니스 선수였던 팀 갤웨이가《테니스 내면 게임The Inner Game of Tennis》이라는 고전에서 제기한 간단한 논리와도 유사하다. 갤웨이는 우리에게 두 개의 자아가 있으며, 그중 하나의 자아가 방해를 받을 경우 원하는 성과를 얻기 어렵다고 주장한다. 갤웨이에 따르면 성과를 거두기 위해 우리에게 가장 필요한 능력은 방해요소를 제거하는 능력이라고 한다. 일단 어떤 일을 하겠다고 결심하면 잡다한 걱정이나 망상을 모두 없애야 좋은 성과를 거둘 수 있다는 뜻이다.

갤웨이는 뇌 과학이나 인지심리학을 연구하지는 않았지만, 대신 테니스 선수들을 직접 관찰한 경험이 있었다. 그는 특히 기술이나 다른 신체적 조건이 거의 비슷한데도 전혀 다른 기량을 보이는 정상급 운동선수들에게 흥미를 느꼈다. 객관적인 조건만 놓고 본다면 이 선수들은 비슷한 수준으로 승리하거나 패배해야 하고, 기록이 달라지는 이유는 순전히 우연 때문이어야 했다. 하지만 실제로 어떤 사람은 챔피언 타이틀을 획득하는 반면, 어떤 사람은 우수상을 타거나 투어 경기에서 간신히 순위권을 유지하는 수준에 그쳤다.

한 예로, 앤디 머레이는 조코비치와 페더러 같은 선수들이 손쉽게 그를 이길 때 화를 내며 저주를 퍼붓거나, 코치들에게 소리를 지르곤 했다. 세 선수들의 체격은 별반 차이가 없었다. 머레이는 테니스 선수로서 완벽한 체격을 타고났다. 한 주 늦게 태어난 조코비치와 비슷하거나, 거의 같은 수준이었다. 하지만 그랜드슬램 결승전에서 조코비치는 네 번이나 머레이를 이겼고, 페더러는 세 번이나 그를 물리쳤다. 머레이는 동작이 매끄럽게 나올 때만 승리할 뿐이었다.

어느 날 우연히 아멜리 모레스모와 나란히 앉았을 때 '무척 침착하다'는 인상을 받은 머레이는 그녀를 코치로 선임하게 되었다. 하지만 아멜리는 머레이에 비해 너무도 침착하기 때문이었는지 일 년도 채 안 돼 그녀와 결별을 하고 말았다.

정신적으로 안정된 상태를 유지하는 데 어려움을 겪었던 머레이는 자기 자신에게 힘을 실어주고, 동기를 부여하기 위해 평소 자주 읽는 글귀를 정리한 목록에 '나 자신에게 잘하라'라는 말을 포함시키기도 했다. 머레이는 테니스 점수나 랠리, 시

75

합과 상관없는 외적인 문제에 지나치게 신경을 쓰는 습관 때문에 실력을 제대로 발휘하지 못하곤 했다. 또한 자신이 처한 상황에 집중하지 못해 현재성을 송두리째 상실하기도 했다.

조코비치가 2016년 호주 오픈 남자 결승전에서 신체적인 문제로 고전하고 있을 때의 느낌을 머레이는 다음과 같이 설명했다.

"문득 이런 생각이 들더라고요. 와, 내가 이길 수도 있겠구나. 그랜드슬램 결승에서 상대 선수에게 갑자기 쥐가 난다면 제가 그 시합의 주인공이 될 수도 있는 거잖아요."

하지만 머레이는 지고 말았다. 그렇게 해서 조코비치에게 세 번째로 패했다. 머레이는 상대방에게 문제가 생겼다는 것을 안 순간 상황을 명확히 분석하거나 빠르고 냉철하게 맞서는 대신, 많은 사람들이 흔히 그렇듯 당황해서 어쩔 줄 몰랐고, 결국 어리석게 대처했다. 머레이와 같이 지나친 망상에 빠져들면 그 순간 정확한 판단을 하지 못하고 어처구니없는 실수를 저지르기 십상이다.

어떤 상황에서든 시기적절하게 판단해야만 올바른 순서에 따라 순조롭게 결정하고 행동할 수 있다. 휴일에 편히 쉬거나 아이들과 놀아줄 때, 직장에서 마구 시간에 쫓기거나 제트기를 타듯 업무의 압박에 짓눌릴 때도 마찬가지다. 응급 상황에서 생명을 구조하면서 시간과 업무 양쪽에서 압박을 느낄 때에도 그렇다.

사람들이 고통스럽거나 긴급한 업무를 처리해야 할 때 편안하게 사고할 수 있는 능력에는 개인차가 있다는 것을 입증하는 증거가 있다. 어느 실험에서 사람들에게 사진 한 장을 보여준 다음, 연이어 나타나는 사진이 앞의 사진과 어울리는지, 그렇지 않은지를 설명해보라고 요청했다. 이 실험 결과를 통해 연구진은 낮은 성과를 보이는 사람일수록 여러 가지 잡다한 생각들로 인해 현재에 집중하기 어려워한다는 사실을 발견했다.

생각은 때때로 더 많은 선택의 여지를 제공하기도 하지만, 만약 끊임없이 쏟아진다면 문제가 된다. 머릿속에서 계속해서 말도 안 되는 대안이 떠오른다면 지옥이 따로 없을 것이기 때문이다.

속도를 내되
평정심을 유지하라

프랑스의 실존주의 철학자 샤르트르는 "타인이 곧 지옥이
다", 아니, 더 정확하게는 "바로 저들이 지옥이다"라고 말했다.
샤르트르의 말은 타인의 왜곡되고 부정적인 시각에 의해 평가
될 때의 고통을 설명한다. 이 경우 타인이 우리를 바라보는 시
각뿐 아니라 우리 안의 타인(과거, 미래 및 현재의 자아)이 자기
자신을 바라보는 부정적이고 왜곡된 생각 역시 포함한다.

자기 자신, 그리고 시간에 대한 걱정과 불안으로 현재 처한
상황을 끔찍하다고 느끼게 하는 모든 부정적인 사고는 현명한
판단을 하지 못하게 가로막는다. 부정적인 생각이 기승을 부리
면 우리는 차분히 앞으로 나아가는 대신 자기 안의 여러 자아

와 논쟁을 벌이느라 여념이 없어지게 된다. 최근 연구에 따르면 초보 운전자들에게도 이와 같은 상황이 발생한다고 한다. 초보 운전자는 도로 상황을 빨리 파악하지 못하고 뒤늦게 행동을 취하므로 더 많은 사고를 유발할 수 있다. 반면 경험이 많은 운전자는 빠르게 판단하고, 차분하고 신속하게 예상하여 반응한다. 주변의 교통 흐름에도 유연하게 대처한다.

초보 운전자와 같은 행동은 2016년 미국의 마스터 오픈 파이널 라운드에서 패배한 골프 선수 조던 스피스에게서도 찾아볼 수 있다. 조던은 어디에 공을 놓아야 할지 올바로 판단하지 못해 혼란에 빠졌고, 결국 세 홀에서 여섯 번이나 실수를 하고 말았다. 그는 더욱 침착하고 신속하게 다음 공을 쳐야 했다. 하지만 주의가 산만해져서 마지막에도 실수를 하고 말았다. 조던은 자신이 너무 서둘렀다고 말했지만, 사실 평정심을 잃었다고 하는 편이 더 정확하다. 이 두 가지는 전혀 다르다. 빠른 속도를 두려워할 필요는 없다. 그보다는 평정심을 잃는 것이 더 위험하다.

속도와 원활함의 차이, 신속함과 무모함의 차이는 프로 미식축구 선수의 능력을 판단하는 데에도 유용하다. 몸무게 130kg의 정상급 선수가 눈앞에 버티고 서서 약 5초 동안 40야드의 공간을 방어하려고 할 때 속도를 늦추고 차분한 상태에서 올바른 판단을 하기는 어려울 것이다. 이와 같은 공황 상태는 여러 모로 해롭다.

미식축구에서는 25분 동안 55개의 질문 테스트(창안자의 이름을 따 '원더릭 테스트'라고 한다)에서 높은 점수를 기록한 선수들을 선발한다. 이 테스트는 일반적인 관행처럼 학습과 문제 풀기 능력을 측정하는 것으로 알려져 있다. 일부 논평가들은 이 테스트에서 높은 점수를 기록한 선수가 프로 경기에서도 뛰어난 운동 실력을 보일 가능성이 크다고 주장한다. 하지만 문제는 원더릭 테스트로 운동 실력은 예측하지 못한다는 데 있다. 더욱 정교한 연구를 통해 원더릭 테스트에서 높은 점수를 받지 못했음에도 운동 실력이 뛰어난 사람이 비일비재하다는 사실이 입증되었다. 여러 통계에서도 원더릭 테스트에서 높은 점수를 기록한 선수가 프로 미식축구 데뷔 첫해에 실력을 발휘하기 힘들고, 선수 생활을 계속하는 동안에도 발전할 가능성이 적다는 사실이 밝혀졌다.

그렇다면 왜 이런 차이가 발생할까? 또 다른 연구진이 시즌 초반 미식축구 선수들을 대상으로 역기능적 충동성과 딕먼의 기능적 충동성을 평가한 사례를 보면 이해하기 쉬울 것이다. 이 연구에서는 시즌이 끝난 후에 부상, 경기 중 처벌 여부, 득점 및 경기 수에 대한 통계를 수집했다. 그 결과, 역기능적 충동성이 가장 높은 선수는 경기에서 실력을 제대로 발휘하지 못했고, 가장 많은 두부 손상을 입은 것으로 나타났다. 뿐만 아니라 경기 도중 심판에게 가장 많이 경고를 받고, 경기 외적으로도 더 많은 공격성을 보였다. 반면 기능적 충동성이 더 높은 선수들에게서는 반대의 성향이 나타났다. 부상, 특히 중상이 더 적었고, '순간적인 판단'으로 '뜻밖의 상황을 연출'하는 능력도 뛰어났다. 그 결과, 코치들에게 긍정적인 평가를 받고, 우수한 기량을 발휘했으며, 경기에 투입될 확률도 더 높았다.

직접적인 경험이야말로
최고의 스승이다

　　나우이스트는 순간적인 판단으로 좋은 결과를 이끌어내는 경향이 있다. 그 상황에서 해야 할 일에 대한 자신의 느낌을 신뢰하는 한편, 전의식(현재는 의식되지 않으나 생각해내려고 조금만 노력하면 떠올릴 수 있는 의식과 무의식 사이)에 권한을 양도하여 판단에 필요한 정보에 집중하고, 그 상황에 맞는 행동을 찾아낸다. 이를 위해 현재 상황과 무관한 요소나 다음에 할 일을 명확하게 파악하는 데 방해가 되는 요소는 무엇이든 마음속에서 지우고 눈앞의 할 일을 계속해나간다. 오래전이든 방금 전이든, 실수와 관련된 부정적인 감정이 현재 상황에 어떤 영향을 끼쳤다 해도 훌훌 털어버리고 대수롭지 않게 넘어가는 자세가 필요하다.

행동 지향적인 나우이스트는 어떤 일이든 일단 시도해보고, 실수에 더 지혜롭게 대처한다. 네덜란드의 심리학자들은 실험을 통해 서로 다른 네 그룹의 사람들이 실수를 한 뒤 감정과 행동에 어떠한 변화를 보이는지 조사했다. 이 실험에는 한 줄의 글자를 본 뒤 그 다음 줄의 가운데 글자가 나머지 글자와 같은지, 아니면 다른지 판단하는 작업이 포함되어 있었다. 그룹의 절반은 타고난 행동파들이고, 나머지 절반은 할 수 있는 일과 했어야 하는 일 사이에서 걱정하기 일쑤인 생각파들이었다. 연구진은 절묘하게 각 그룹의 절반이 이기는 데 관심을 더 많이 보이도록 독려하는 실험을 고안했다. 그룹의 절반에게는 성공할 경우 돈을 지불하기로 하고, 나머지 절반에게는 실패하지 않는 데 초점을 맞추도록 하며 실수할 경우 벌금을 내도록 한 것이다.

여기서 행동 지향적인 나우이스트는 무언가 잘못하지 않을까 걱정하는 데서 오는 부정적인 감정을 쉽게 떨쳐내고, 성공했을 경우 보상에서 오는 혜택도 더 크게 누렸다. 보상의 혜택을 미래와 현재에 유리한 쪽으로 활용하여 성공 기회를 자연스럽게 찾으면서 부정적인 감정에 휘둘리지 않고 계속해서 앞으로 나아갔다. 이 실험에서 제시한 조건, 즉 앞으로 나아가고 있다는 느낌과 즉시 보상을 제공한다는 점이 이들이 바라는 조건과 정확히 일치했다.

혼란스럽거나 소극적이고 부정적인 감정에 얽매이지 말고, 실수한 경험을 통해 유용한 교훈을 얻는 것이 중요하다. 아무 시도도 하지 않고 결정부터 하는 것보다는 직접 행동을 취하는 것이 다음에 무엇을 해야 하고, 무엇을 하고 싶은지 알아내는 데 더욱 도움이 될 때가 많다.

나우이스트는 행동을 일종의 정신적 지름길로 활용한다. 일단 무언가 해야겠다는 결정을 내린 다음, 어떤 행동에서 어떤 결과가 생기는지 배우고, 실질적인 기술을 습득하며 원인과 결과를 통해 배워나가자. 그러다 보면 단순히 선택을 하는 데서 한발 나아가 정확한 판단을 하는 습관도 기르고, 좋은 선택과 나쁜 선택을 할 때 어떤 느낌이 드는지도 알 수 있다. 행동과 그에 따른 결과를 보며 자신이 어떤 선택을 선호하는지도 파악할 수 있다.

행동을 결과와, 그러한 결과를 유도하는 선택과 연관 지어 생각해보자. 예를 들어 파티에 참석해서 좋은 시간을 보냈을 경우 파티에 가면 기분이 좋아진다는 경험을 기억하게 된다. 오징어를 맛보고 알레르기 반응을 보였을 경우 오징어를 먹으면 죽을 수 있다는 사실을 기억할 수도 있다. 이와 같은 경험은 훗날 어떠한 결정을 내리기 위한 방침을 정하는 데 귀중한 자산이 된다. 이미 경험을 통해 어떤 느낌인지 알기 때문에 각 행동과 결과의 양상을 정확히 알고 자신 있게 행동할 수 있다. 새로운 경험을 할까 말까 망설이기보다 직접 경험하는 쪽을 더 즐기면서 새로운 경험을 하는 보너스까지 누릴 수 있는 셈이다.

누구나 어떤 식으로든 새로운 경험을 통해 배우지만, 모두가 똑같이 받아들이지는 않는다. 체스 분야에서 가장 뛰어난 대가의 머릿속에는 수천수만 개의 다른 조합이 저장되어 있다고 한다. 체스의 대가들은 직접 체스를 두면서 기술을 배운다. 그들은 다음에 어떻게 체스를 두어야 할지 신속하게 판단한 다음, 상황에 딱 맞는 패턴과 기술로 연결할 수 있다.

직접적인 경험이 아닌 다른 방식을 통해 행동과 결과의 흐름을 파악할 수도 있다. 책 또는 뉴스 기사에서 접하거나, 다른 사람을 지켜보고 상상하며 역할극을 해볼 수도 있다. 실제로 취하는 행동과 더 가깝게 상상할수록 더 자연스럽게 행동으로 옮길 수 있다.

흔히 정상급 운동선수들은 실제로 시합에 임하기 전에 아주 세부적인 부분까지 구체적으로 상상한다. 실제 상황에 최대한 가깝게 상상하려고 노력해 실제 그 순간을 맞이했을 때 어떻게 하면 좋을지 예측해보는 것이다. 축구 선수 웨인 루니 역시 편안하게 시합에 임하기 위해 상상력을 최대한 발휘한다고 한다.

"저는 장비 담당자에게 시합 날 어떤 색의 유니폼을 입을지 물어보면서 시합 준비를 시작해요. 빨간 상의인지 흰색 하의인지, 흰색 양말인지 검은색 양말인지 물어보죠. 그런 다음, 시합 전날 밤 침대에 누워 득점을 하거나 멋진 플레이를 하는 내 모습을 시각적으로 상상해요. 시합 전에 '기억'을 만들어내기 위해서는 실제로 그 순간을 경험한다고 상상하고 대비해야 하죠. 이런 상상을 시각적 상상화라고 하는지, 아니면 그냥 꿈을 꾼다고 하는지는 잘 모르겠지만 평생 동안 이렇게 시합을 준비해왔어요."

루니는 시합하기 전뿐만 아니라 시합 도중에도 머릿속으로 상상을 한다고 한다. 그는 "서너 번 패스를 주고받으면 공이 골라인을 넘는다고 생각해야 해요. 최고의 축구 선수들에게는 다른 축구 선수들보다 훨씬 빨리 앞을 내다볼 줄 아는 능력이 있어요"라고 말한다.

모든 유형의 학습이 중요하지만 특히 직접적인 경험이야말로 가장 많은 가르침을 준다. 다른 형태의 학습에서 배우기 힘든 부분을 깨달을 수 있기 때문이다.

NBA 역대 최고의 선수로 뽑힌(많은 이들이 'NBA 사상 가장 위대한 슈터'로 생각하는) 스테판 커리는 경기 시작 몇 시간 전 농구 코트로 가서 수백 번 넘게 슛을 쏜다. 왜 그럴까? 공이 림 안에 들어가는 장면을 꼭 보고 싶기 때문이다. 그러고 나서 코트 밖, 골대보다는 탈의실에 가까운 곳, 골대에서 50피트 이상 떨어진 곳에서 슛을 하기 시작한다. 커리는 이 시간 동안 재미있는 시도를 하고, 자기 자신을 시험해보며 불확실한 상황에서의 즐거움을 누린다. 이렇듯 무언가를 마냥 기다리기보다 직접 해볼 때 많은 것을 배울 수 있다.

또 다른 예로 빠른 체스fast chess 게임을 들어보자. 이 종목은 진지하지 않다는 이유로 일부 체스 기사들에게 비난을 받기도 한다. 하지만 체스 천재 미하일 탈리는 빠른 체스 게임에 엄청난 열정을 보여 세계 최초의 기록을 세웠으며, 경쟁이 치열한 체스 역사에서 두 번째로 오랜 기간 동안 패하지 않은 기록도 보유했다. '전무후무한 최고의 공격수'로 불리던 탈리는 체스 게임을 무척 좋아했다. 그리고 아주 빠른 속도의 체스 경기를 무시하지 않고 높이 평가했다. 게임을 하는 것 자체가 즐거울 뿐 아니라 새로운 방식의 체스가 학습 효과를 높여 일반적인 체스 게임을 더 잘할 수 있도록 돕는다고 생각했기 때문이다.

빠른 체스 게임은 한 판 하는 데 5분이 채 걸리지 않는다. 보통 토너먼트 게임을 진행하는 데 90분에서 6시간이 걸리는 데 비해 블릿 체스Bullet chess는 선수당 단 30초로, 더 빨리 진행된다.

빠른 체스에 흥미를 보였다는 점에서 탈리가 삶을 살아가고 게임을 하는 데 있어 나우이스트의 사고방식을 갖고 있었다는 사실을 알 수 있다. 그는 '체스를 공부하기보다 직접 두는 것'을 선호했고, '상대에게서 주도권을 빼앗는 것'을 우선시했다. 또한 '피치 못할 실수'도 기꺼이 받아들였다. 행운의 여신이 나타나기를 마냥 기다리다 보면 삶이 너무 지루해진다고 생각했기 때문이다. 그는 체스 게임에서 전반적인 우세를 점하기 위해서는 개별적인 수를 잃는 일쯤은 대수롭지 않게 생각했다. 그가 체스를 두었을 때의 모습은 '위험한 희생도 마다하지 않는 대담한 전술의 아수라장'으로 묘사된다.

한번은 플로리다의 심리학자들이, 실력이 뛰어난 체스 기사와 실력이 부족한 체스 기사의 차이점에 대해 조사하는 흥미로운 연구를 실시했다. 연구 결과에 따르면 초급, 중급, 상급 체스 문제가 나왔을 때 실력이 뛰어난 기사와 부족한 기사 모두 게임 시간이 긴 경우에 더 좋은 결과를 보였다.

기사들은 여러 개의 말이 특정한 방식으로 배열된 상황에 가장 적합한 기술을 선보일 것을 요청받았다. 5분 동안 가장 먼저 떠오른 기술과, 가장 좋은 기술을 선택하기 위한 생각의 과정을 설명해보라고 하자 기사들은 대부분 가장 처음 떠오른 기술이 상황에 가장 잘 맞는 방식이었다고 답했다. 평균적으로 기량이 뛰어난 기사들은 타고난 재능에 오랜 연습을 자

가장 좋은 일은 기다리지 않는 사람에게 찾아온다.

연스럽게 결합해 모든 난이도에서 뛰어난 실력을 발휘했다. 더욱 흥미로운 점은 능숙한 기사의 첫 번째 시도가 가장 미숙한 기사의 가장 좋은 시도보다 거의 항상 더 뛰어났다는 것이다. 능숙한 기사들은 어떤 속도에서든 더욱 유리했다.

자연스러운 절차에 따라 무난하게 결정을 내리는 나우이스트는 대체로 '완벽하기보다 완수하는 쪽이 낫다'고 생각한다. 합리적인 기준에 맞서서 자신을 평가하며, 특정 기간 동안 자신의 능력과 상황을, 일어날 일에 직접 영향을 미칠 수 있는 미래, 특히 가까운 미래와 비교해보자. 실패를 두려워하지 않을 때 원활하게 판단하기 더 쉬워지고, 더 즐거워진다. 상황을 현실적으로 판단하면 미미한 실패에 휘둘릴 가능성도 적어진다. 아무 쓸모도 없는 감정적 혼란을 산뜻하게 비켜가면서 지속적인 성공의 선순환을 만들어내자.

현재를 즐기며 발전해나가는 법

빠르게 생각하고,
빠르게 행동하라

항상 천천히, 신중하게 생각해야만 더 좋은 결과를 얻는 것은 아니다. 빠른 속도로 빠른 성과를 거두는, 기능적 충동성이 강한 사람은 빠르고 정확하게 상황을 처리하면서도 큰 이익을 거둔다. 특히 평가 성향이 강한 사람보다는 이동 성향이 강한 사람이 일을 빨리 시작하면서 결과도 더 성공적이다. 결정을 하는 데 능숙한 사람은 스트레스가 심한 상황에서도 명쾌하게 판단해 빠르게 긍정의 기운을 회복하며, 더 많은 실수를 감수하고서라도 더 많은 일을 하려 한다. 계속해서 꾸준히 나아가기 위해서는 속도를 내야 한다.

미지의 상황에서
즐거움을 찾아라

어떤 일을 하면서 즐거움을 느끼면 추진력이 생겨 더 큰 성공을 끌어당기게 된다. 조금씩 발전해나가는 즐거움을 느끼며 동기부여를 받다 보면 일을 할 기회도 더 많이 생기고, 좋은 일이 생길 가능성도 더 커진다. 이때 과거에 대한 불안과 미래에 대한 걱정으로 현재를 망쳐서는 안 된다. 불확실한 상황에는 가능성이 내재되어 있는 만큼 자신의 능력을 확인할 수 있는 좋은 기회가 된다. 통제할 수 없는 시간에 휘둘리는 대신 미지의 상황에서 궁극의 즐거움을 느껴보자.

실패를 두려워 말고, 편안하게 도전하라

생각은 때때로 더 많은 선택의 여지를 제공하지만, 지나친 고민과 걱정으로 추진력을 잃어버리면 편안하게 결정을 내릴 수 없다. 빠르게 생각하고, 빠르게 행동하되 평정심을 유지하는 것이 중요하다. 완벽한 것보다 완수하는 쪽이 더 낫다. 실패를 두려워하지 않고 편안하게 생각하고, 편안하게 행동할 때 지속적인 성공의 선순환을 만들어낼 수 있다. 부정적인 감정이 현재 상황에 어떤 영향을 끼친다 해도 훌훌 털어버리고 넘어갈 줄 알아야 한다. 어떤 일이든 편안하게 도전해보고, 실수에도 지혜롭게 대처하자.

Part 2

지금
이 순간을
즐기며

변화해
나가라

제4장

확실한 답을 찾는 길은
확실한 행동뿐이다

　　　행동을 취하는 편이 아무런 행동을 하지 않은 편보다 훨씬 더 강력한 힘을 갖는다. 스스로 행동을 취해 어떤 일이 일어나게 되면 자신감도 더 커진다. 이와 같은 행동과 힘의 순환은 다른 사람들에게도 영향을 미쳐 자신과 더불어 앞으로 나아가게 이끈다. 뿐만 아니라 나에게 더 좋은 일이 생길 수 있도록 도움을 주는 후원자도 나타난다.

아무것도 안 하면
아무 즐거움도 못 느낀다

모든 원자에 막대한 에너지가 있듯, 지금 이 순간에도 어떤 힘이 있다.

첫 번째는 개인의 힘, 즉 꾸준히 발전해나가기 위한 에너지와 자기 신념이 있다. 이는 곧 끊임없이 나아가기 위해 삶의 변화를 활용하여 장애물과 속도를 늦추게 하는 요인을 매끄럽게 헤쳐나가는 능력이다.

두 번째로 다른 사람들이 더 많은 일을 할 수 있도록 영향을 미치는 힘이 있다. 이는 곧 나를 돕고 지지하는 사람들을 끌어당기고 친구와 파트너, 후원자, 팬클럽을 끌어당기는 능력이다. 이 능력을 발휘하면 혼자 할 때보다 더 많은 일을 해결할 수 있다.

세 번째로 좋은 일이 생기게 하는 근본적인 활동력, (자동적인) 추진력이 있다. 이 능력은 일을 꾸준히 진행하는 동안 즐거운 행동과 성장의 강력한 순환 속에서 조금씩 쌓이며 커져간다.

이 세 가지 힘을 얻기 위해서는 먼저 목표와 반대 목표 사이의 뚜렷한 간극을 인정해야 한다. 목표는 자신이 원하는 바람직한 대상이고, 추구할 만한 가치가 있다. 소망이나 꿈이 기반이 될 수도 있지만, 강력한 동기부여를 통해 적극적으로 밀고 나갈 때 가장 효과적이다. 현재 있는 위치와 가고자 하는 지점을 비교하여 그 간극을 파악한 후 목표를 향해 나아가기 위해 방향을 정립하고 행동의 양상을 바꿀 수 있다.

한편 반대 목표는 원하지 않는 대상이다. 이는 바람직하지 않으며, 피해야 하고, 해서는 안 되는 일, 두려움이나 악몽의 대상이다. 재미도 없고, 더 심각한 경우에는 에너지를 빼앗고 의욕마저 꺾는다. 현재 있는 위치와 가고 싶지 않은 지점을 비교하여 간극을 파악한 후 방향을 정립함으로써 원하지 않는 반대 목표에서 멀어지는 쪽으로 행동을 수정할 수 있다.

일상에서 마주하는 목표와 반대 목표는 수도 없이 많으며, 둘 다 우리의 관심과 에너지를 차지하려 경쟁한다. 의욕을 돋우거나 사기를 저하시키는 목표는 사람에 따라 다르다. 목표와 반대 목표가 행동에 미치는 영향도 각기 다르다. 목표와 반대 목표가 서로 연결되어 있어, 반대 목표에 도달해야만 원하는 목표를 달성할 수 있는 경우도 있다. 반대 목표를 피하려다 오랫동안 바라던 목표를 포기하게 될 수도 있다. 예를 들자면 운동을 하기 위해 새로운 팀에 합류하게 되었을 때 이런저런 잔소리를 듣는 것(반대 목표)은 싫지만, 팀의 일원이 되어 더 많은 것을 성취하게 된다는 점은 좋을 수도 있다.

많은 자원이 필요한 위대한 일(목표)을 하고 싶지만, 돈을 요청하기(반대 목표)는 싫을지도 모른다. 마감이 있다는 점은 싫지만, 성과를 얻는다는 점은 마음에 들 때도 있다.

반대 목표를 기피하려 할 때에는 자제력이 수반된다. 어떤 일을 하지 않으려는 노력에 대한 일반적인 접근방식은 자제력이다. 자제력은 제한된 에너지 자원을 적극적으로 사용하여 적극적으로 저항하는 능력이다. 반대 목표는 흔히 즐겁고 간단하거나 정신을 산만하게 하는 일로 설명되며, 많은 사람들이 추구하고 목표를 달성하는 데 더욱 바람직하다고 생각하는 행동과 대조를 이룬다. 이와 같은 관점은 어느 유명한 실험을 통해 널리 알려졌다. 이 실험에서는 사람들에게 분명 맛이 없다고 생각될 무를 날것으로 먹는 데 제한된 자제력 에너지를 다 써버리게 했다. 자제력 에너지를 다 써버린 후 사람들은 반대 목표로 제시된 초콜릿의 유혹을 물리치기 더 힘들어했다.

그렇다면 꼭 반대 목표에 적극적으로 저항하기 위해 소중한 에너지를 낭비해야만 할까? 초콜릿의 유혹에 저항하는 데 집중하다 보면 에너지를 쓸데없이 낭비하고 만다. 초콜릿이나 초콜릿에 상응하는 유혹적인 반대 목표를 굶주린 듯 쳐다보는 내내 고작해야 중립적인 결과를 기대하게 될 뿐이다. 무언가를 먹거나 마시지도 않고 받아들이지도 않았음에도 그러한 목표를 추구한 대가로 구체적인 이득도 없이 에너지를 써버리는 바람에 뒤처지고 만다. 초콜릿을 먹지 않았다고 해서 운동을 했다고 볼 수는 없고, 건강해졌다고 할 수도 없다. 아무 일도 하지 않았을 때에는 어떤 일을 했을 때의 즐거움도 느끼지 못한다.

　　계속 무언가를 하지 않겠다고 저항하기만 하면 지쳐버리고, 하지 않겠다고 버티면서 무미건조하게 살아가게 될 뿐이다. 어떤 목표나 행위를 구체적으로 찾아 나서는 것이 반대 목표를 피하는 것보다 훨씬 더 쉽고 보람도 있다. 가령 운동을 하면 고지방 음식에 저항하기 더 쉬워진다. 운동을 하러 나가기 때문에 냉장고나 전자레인지가 눈에서, 그리고 마음에서도 멀어지기 때문이다. 또 운동을 하는 동안 반대 목표에 대한 관심도 줄어든다. 운동을 통해 엔도르핀이 높아지므로 먹어서 얻게 되는 도파민에 대한 관심이 적어지기 때문이다.

즐기며 행동할 때
성취감도 커진다

흔히 무용수나 스케이트보드 선수가 스스로의 일을 즐기는 순간에 무척 행복해하면서도 활동적인 상태를 유지하는 것을 볼 수 있다. 이처럼 스스로 영향력이 충분하다고 느끼고, 아무 걱정 없이 하고 있는 일과 혼연일체가 되며, 자신의 목표와 행위의 현재성을 만끽할 때 차분한 에너지가 발휘된다. 이런 상태에서는 항상 시간이 부족한가 하면, 또 한편으로는 충분하다고 느끼기 때문에 시계를 잘 보지 않는다. 그 순간 즐거움을 누리고 있기에 굳이 시계를 볼 필요를 못 느낀다. 한마디로 더 많이 경험하고, 더 많이 성취할 수 있는 무한의 경지에 이른 것이다. 이런 상태일 때 시간을 확인해보면 짧은 시간에 많은 일이 생겼다는 사실을 알고 놀라게 된다.

어떤 일을 끝까지 해내기 위해서는 에너지가 필요하다. 긴박하게 움직이는 긴장된 상태의 에너지를 즐기는 사람들도 있다. 이들은 어떤 목적에 따라 행동할 때의 느낌을 즐긴다. 그래서 억지로라도 더 열심히 일하려고 마감일을 기다리고, 항상 시간에 쫓기는 느낌이 드는데도 꾸준히 발전해나가려고 외부나 내부의 압력을 기대하기도 한다. 문제는 그러다가 너무 무리하거나, 부담감이 너무 커져 탈진할 수도 있다는 것이다. 이런 사람들은 조화로운 열정 대신 강박에 이끌려 일하는 특성이 있다. 긴장감이 최고조에 달하는 시기가 지난 후 사람들이 갑자기 지독한, 때로는 참혹하기까지 한 슬럼프를 겪는 이유 중 하나가 여기에 있다. 발전해야 한다는 압박감에 대응할 에너지가 부족할 때 사람들은 극도의 긴장과 피로를 느낀다. 실제로 잘하고 있든 그렇지 않든, 의기소침해지거나 부정적인 감정에 빠진다.

우리는 누구나 알게 모르게 장거리 주자들이 소위 '장벽'이라고 부르는 고비를 맞이한다. 누군가에게는 더 빨리, 더 자주 찾아오고 누군가에게는 더 늦게, 더 고통스럽게 찾아온다. 이러한 현상은 특히 지나치게 열정을 쏟아부은 후 다시 유연하게 일상으로 돌아오지 못하는 사람들에게 더 뚜렷하게 나타난다. 장벽에 부딪히면 지나치게 집중하거나 긴장하는 데서 오는 정신적, 감정적, 물리적 피해를 입게 된다. 합리적인 목표를 향해 차분하고 열정적으로 노력한 뒤 느끼는 차분한 피로감과는 전혀 다르다.

한편 합리적인 목표를 향해 나아갈 때에는 일하는 것 자체를 즐기고 자신을 소중히 대하게 된다. 스스로 그동안 얼마나 많이 발전했는지 인정하고, 불행한 상태는 아무에게도 도움이 안 된다는 사실을 잘 알며, 일상 속의 소소한 아름다움을 돌아볼 줄 안다. 모든 사람들이 이처럼 낙관적인 '자기 지도력'을 타고나지는 않지만 습관을 통해 조금씩 만들어나갈 수 있다. 삶의 만족은 부차적인 목표가 아니고, 삶 자체의 즐거움을 누리는 데 의미가 있음을 스스로 상기하다 보면 자기 지도력을 발전시킬 수 있다.

에너지를 자연스럽게 움직임으로 연결하면 행동하는 동시에 생각하게 된다. 자기 파괴적인 긴장 속에 두통이 생기고 근육이 경직되며 정체 모를 통증에 시달리는 일도 피할 수 있다. 또한 코르티솔(스트레스 호르몬) 수치를 만성적으로 올리는 대신 아드레날린과 도파민, 행동의 유쾌한 선순환을 경험하게 된다.

누군가의 지지와
협력을 이끌어내라

　나우이스트는 어느 순간 강해진 것을 느끼면 그 후부터는 어떤 일을 하든 스스로 강하게 헤쳐나갈 수 있다고 생각한다. 이때의 강인함은 개인적인 능력이나 일을 끝까지 해내는 능력에 적용할 수 있다. 또 에너지의 일부를 쏟아 특별한 노하우를 얻는 능력이 될 수도 있다. 이 특별한 노하우, 즉 어떤 일을 잘하는 비결은 책이나 온라인 동영상을 통해 얻거나, 다른 사람들의 노하우를 따라 함으로써 얻을 수 있다.

　스스로 동기부여를 할 줄 아는 것도 일종의 노하우에 속한다. 자기 자신과의 대화를 통해 동기를 부여하며, 행동 지향적인 성향을 발휘하는 것도 능력이다.

또 다른 노하우로 누군가에게 도움을 요청하고 지지자를 확보해 능력을 확장하며 다른 사람들의 에너지와 지식을 활용하는 방법도 있다. 개인적인 능력을 다른 사람들의 능력과 결합하여 영향력을 확장하는 것이다. 이 경우 혼자가 아니기 때문에 더 강해진 느낌을 받을 수 있고, 다른 이들과 함께 노력하기 때문에 실제로도 더 강해지게 된다.

자신이 혼자라고 느끼는 사람들은 계속 혼자 지내게 될 가능성이 크다. 이들은 누군가에게 도움을 요청하거나, 끌어당길 에너지를 만들어내지 못한다. 강해지기에는 자신이 너무 나약하다고 생각하며 그저 단절된 상태로, 소극적으로 줄곧 걱정만 할 뿐이다.

가장 개인적인 성공을 추구하는 것처럼 보이는 분야에서도 팬과 지지자 네트워크를 끌어당겨 이익을 취할 줄 아는 사람들이 가장 크게 성공하고, 또 그 성공을 누린다. 가령 하이다이빙을 생각해보자.

한 다이빙 선수가 발가락이나 손끝으로 균형을 잡고 한두 번 위로 치솟아 첫 번째 동작의 형태를 취한다. 초속 115km/h의 속도로 공중제비와 회전을 선보인 후 914cm 높이에서 시속 56km에 도달한 다음, 수면에 닿기 전 거의 0까지 속도를 줄인다. 만약 이를 제대로 소화한다면 손바닥이 위로 향하면서 부드럽게 물에 들어가기 시작해 몸의 다른 신체 부위가 통과할 공간을 만들어낼 것이다. 물보라를 거의 일으키지 않고, 종이를 찢을 때처럼 바스락거리며 부드러운 소리를 내는 이른바 '립 엔트리rip entry'로 입수하면 찬사를 받거나 성공의 신호탄을 쏘아올리게 된다. 다이빙 선수는 언뜻 보기에는 혼자 노력하는 것 같지만, 사실은 지지자들이 존재하고 이들이 선수가 3초간의 짧은 체조 기량에 성공하는 데 영향을 미친다.

실제로 영국의 다이빙 선수 톰 데일리는 뛰어난 회전과 공중제비로 수많은 지지자를 확보하여 자신의 능력을 확장시켰다. 톰이 처음 다이빙에 끌리게 것은, 그의 우상이 젊은 나이에 금메달을 딴 캐나다 출신의 다이빙 선수였던 것이 계기가 되었다. 톰은 그 선수를 보며 자신의 꿈을 키웠다. 그러다 부모님의 지원으로 다이빙 수업을 받기 시작했고, 곧바로 엘리트 팀에 들어가 야망이 넘치는 코치의 지도를 받게 되었다. 부모님과 코치의 적극적인 지지 덕분에 톰은 열한 살의 나이에 성인부에서 첫 메달을 땄고, 그가 회전과 공중제비 동작을 할 때마다 지지층은 늘어났다.

사람들의 강력한 지지 기반에 힘입어 그는 2012년 런던 올림픽에서도 메달을 땄다. 올림픽에서 다이빙 연결 동작을 선보이는 도중 카메라 플래시가 터지는 바람에 한때 가장 높은 점수를 받았던 동작 중 하나를 하는 데 두려움을 갖게 되었을 때에도 지지 세력이 큰 도움이 되었다. 그가 시도했던 그 다이빙 기술은 '악마의 다이빙'이 되었다. 톰은 계속 악마의 다이빙에 사로잡혀 고통받을 수도 있었지만, 팬들의 지지와 스포츠 심리학자에게 치료를 받으라는 팀의 조언에 마음을 다잡았다. 톰과 그의 지지층은 악마의 다이빙으로 인한 상처를 뒤로하고 다시 함께 앞으로 나아갔다. 그리고 많은 시간과 노력을 투자해 새로운 다이빙 기술을 개발했으며, 이후 월드 챔피언십 대회에서 금메달을 따기에 이르렀다.

지지자들의 도움을 받아 영향력을 확보하면 발전하기가 한층 수월해진다. 지지자들 중 전문가가 있다면 사태를 보다 명확하게 파악해 심리적인 대안을 제공해준다. 또 그 분야의 베테랑이 있다면 미처 몰랐던 지식을 전해준다. 이들은 지금 겪고 있는 일에 준해 앞으로 일어날 상황을 예측하며 도움을 주기도 한다. 그러면 크게 실패하거나 추진력을 잃어버리지 않고 움직임의 방향을 조정할 수 있다.

'페이스북'의 설립자 마크 주커버그는 캘리포니아에 갔을 때 미국의 프로그래머 숀 패닝의 경험을 통해 귀중한 가치 하나를 발견했다. 숀 패닝은 사람들이 온라인에서 음악을 공유하는 것을 도와 음악 산업을 크게 뒤바꾼 인물이다. 훗날 그의 음악 공유 회사 냅스터는 법적인 문제로 문을 닫아야 했지만, 이 사건으로 인한 패닝의 경험이 주커버크에게는 값진 자산이 되었다.

앤디 워홀부터 미켈란젤로에 이르기까지 유명 예술가들의 경우 지지 네트워크도 무척 두텁다. 이들은 작품 뒤에서 예술가를 지원하고 그에게 영감과 가르침을 주며, 잡다한 일이나 판매를 담당한다. 많은 이가 현재 영국 최고의 화가로 인정하는 데이비드 호크니에게도 그를 지지하는 사람들이 있다. 호크니는 기숙사를 개조한 건물에서 살고 있는데, 이 건물의 여러 방에는 그에게 도움을 주는 사람들이 기거한다. 그 집 가까이에 있는 창고에서는 액자와 화폭을 제작하고, 더욱 방대한 규모의 작품을 제작하기도 한다.

앙리 마티세와 파블로 피카소 사이에도 경쟁을 촉진하는 에너지가 존재했다. 두 사람은 예술 작품을 교환하고, 서로의 스튜디오를 방문하기도 했다. 항상 우호적이지만은 않은 분위기 속에서 서로 도움과 자극을 주고받으며 상대방을 능가하려 했던 이 관계는 50년 넘게 지속되었다.

두 화가의 사례에서 알 수 있듯이 현재성의 공간과 순환은 확장되거나 압축되기도 하고 평면적으로나 기하급수적으로 진행될 수 있으며, 줄어들거나 늘어날 수도 있다. 개인이 항상 그 순간의 중심에 있으면서도 자신의 힘을 다른 사람을 통해,

혹은 다른 사람과 함께 확장하여 배가할 수 있다. 가장 큰 성공의 밑바탕에는 협력이 있다.

자신과의 대화와 불안이 어떻게 결합하느냐에 따라 생각과 행동의 양상도 달라지는데, 주로 행동을 통해 동기부여를 받는 사람들이 더 좋은 결과를 누린다. 흔히 최고의 운동선수들은 그렇지 못한 다른 선수들보다 더 빨리 앞을 내다보면서 행동한다. 그들은 일 년 단위, 한 달 단위, 하루 단위마다 조기 경보 알림시스템을 작동시킨다. 앞을 내다보는 이면의 능력이 전면에 등장해 미리 준비하도록 경고하면 스스로 느끼는 감정의 목적을 인지하고 원활하게 대처하기 위해 나아간다. 이때 차분한 에너지가 발전의 원동력이 된다.

한편 그다지 유능하지 않은 운동선수들은 이러한 알림시스템 자체가 그다지 효율적이지 않거나, 시스템 활용 능력이 부족하다. 이들은 항상 실제보다 더 시간이 많다고 생각하고, 곧바로 일에 착수하지 못한다. 두려움 때문에 지나치게 무리하기도 한다. 아니면 아예 두려움을 피하고, 경고를 무시해버린다. 그러다 시작하기 얼마 전이나, 바로 직전에 불안을 관리하기 시작하는데 이미 그 시점에서는 아무런 쓸모가 없다. 경고음이 너무 늦게 울리거나 너무 오래, 또는 너무 막연하게 울려버린다. 집중해야 하는 순간에 했어야 하는 일이나 하지 말았어야 하는 일, 친구나 비판자, 코치에게 주의를 빼앗겨버린다. 그래서 침착함을 잃고 허둥지둥하기 일쑤다.

자유롭게 선택하고
자유롭게 행동하라

궁지에 빠지거나 좌절했을 때 가장 현명하게 대처하는 방법은 그런 감정에서 빠져나와 곧장 해야 할 일에 착수하는 것이다. 그러기 위해서는 궁지에 빠졌을 때 바로 일을 진행할 수 있도록 미리 준비해두는 것이 중요하다. 또 자신의 노하우가 통한다고 믿는 것 역시 궁지에서 빠져나오는 데 커다란 도움이 된다.

무엇이든 자유롭게 선택할 때의 자신감 혹은 희망은 우리로 하여금 움직이게 한다. 흔히 자유롭게 선택하고 자유롭게 움직일 때 더 즐겁고 더 강한 사람이 된 듯한 느낌을 받는다.

다음의 매우 간단한 두 가지 조사를 통해 결과와 목표에 대한 해석이 어떻게 서로 달라지는지 살펴보도록 하자.

우선 참가자들을 대상으로 좋은 기억과 감정을 느끼게 하는 내용을 가득 담아 사랑하는 사람들에게 편지를 쓰라고 요청한 후 그들과의 관계를 유지하고자 하는 목표를 얼마나 중요하게 생각하는지 물었다. 그러자 참가자들은 그 목표가 대단히 중요하고 크나큰 의미가 있으며, 오랫동안 꾸준히 노력해야 한다고 답했다.

한편 참가자들을 대상으로 같은 노력을 들여 사랑하는 사람들에게 불쾌한 감정과 기억을 느끼게 하는 내용으로 편지를 가득 채우라고 요청하자 놀라운 결과가 나타났다. 참가자들이 관계를 유지해야 한다는 목표를 별로 중요하게 생각하지 않는다고 답한 것이다.

어째서 이렇게 상반된 결과가 나온 것일까? 그것은 한마디로 어떤 행동을 할 때의 기분과 에너지에 따라 목표를 바라보는 관점이 달라지기 때문이다. 기존의 여러 이론은 목표를 무척 합리적인 방식으로 설명한다. 사람들이 목표를 성취하면서 어떤 노력을 하는지와는 별개로 목표에 항상 확고한 가치가 있다고 간주한다. 하지만 사람들이 어떤 대상을 얼마나 간절히 원하는가에 대한 인식은 목표를 추구하는 과정이 얼마나 즐거운지에 따라 달라지기도 한다. 흔히 목표의 일부인 과정 역시 중요하게 생각하기 때문이다. 그러므로 목표를 향해 노력하는 과정을 즐겁게 받아들이면 앞으로 나아가고자 하는 욕구와 에너지가 크게 증가할 것이다.

이번에는 참가자들에게 일 년 동안 성공을 위해 가장 중요하게 생각하는 세 가지 목표를 정하게 한 다음, 얼마나 자유롭게 목표를 정했다고 생각하는지 물었다.

목표를 진정으로 성취하고 싶다고 생각하는가, 아니면 의무적으로 해야 하는 일이라고 생각하는가?
내면의 가치를 자연스럽게 반영했는가, 아니면 마지못해 해야 하는 일종의 의무라고 생각하는가?

일 년 동안 목표를 위해 노력하는 과정이 얼마나 쉬운지, 혹은 어려운지에 대해서도 질문했다. 그리고 한 해가 지난 후 다시 얼마나 목표에 가까이 다가갔다고 느끼는지도 따로 평가하게 했다. 이 실험 결과는 놀라울 것이 없었다. 목표를 자유롭게 선택했다고 생각하는 사람들이 억지로 목표를 위해 노력한다고 느끼는 사람들보다 훨씬 더 즐겁게 목표를 추구하려 노력했으며, 목표 달성 비율도 훨씬 더 높았다. 다른 사람들과 함께 목표를 추구하는 사람들도 더러 있었지만, 자유롭게 목표를 선택했다고 생각한 사람들은 여전히 목표를 성취하기 위해 노력하는 과정이 쉬웠다고 대답했다. 실제로 아주 열심히 일한 경우에도 그러했다. 객관적인 측면에서 봤을 때 열심히 노력한 사람들은 대부분 주관적인 측면에서 목표를 향해 노력하기가 대체로 쉬웠다고 느꼈다.

나우이스트는 자연스러운 메커니즘으로 행동에 돌입하는 능력이 뛰어나다. 자유로운 선택으로 목표 달성을 앞당겨라. 엉뚱한 방향으로 마구 밀어붙여서 손해 보지 말고, 주변부에서 멀뚱거리며 앉아 있다가 유연성을 잃지 말고, 준비 단계도 회피하지 마라.

쓸데없는 노력으로
에너지를 낭비하지 마라

무엇이든 더 적게 선택할수록 일을 계속 진행하기가 더 쉬워진다. 또 일을 하다 말고 계속할지 말지의 여부를 결정하려 중간에 멈추기보다, 한번 하기로 결정했다면 연속적으로 이어 하는 편이 더 효율적이다. 너무 많이 선택하거나, 선택 및 진행 과정에서 쓸데없이 많이 고민하다 보면 에너지만 낭비하게 된다.

매우 통찰력 있는 어느 실험에서, 힘들게 고민하면서 선택을 할 때 들어가는 에너지 비용이 다른 일을 할 때 쓸 에너지를 감소시킨다는 결과가 나왔다. 여러 가지 가능한 상황을 고려하고 선택하느라 정신적 노력을 기울이다 보면 정신적 에너지가 줄어든다는 것이다. 즉, 다른 여러 결정을 내리고 업무를 진행하며 장애물을 극복하는 데 써야 할 에너지가 부족해진다.

이 실험에서는 참가자들에게 다양한 방식으로 선택을 하도록 한 후 얼마나 많은 에너지를 사용했는지 알아보기 위한 과제를 부여했다. 우선 한 그룹은 다양한 제품들을 두고 여러 번 선택하며 곤혹스러운 시간을 보내게 하고, 다른 그룹은 선택하지 않고 그냥 제품만 평가하게 했다. 그러고 나서 두 그룹의 참가자들을 모두 다른 방으로 이동하게 한 다음, 식초와 오렌지주스, 물을 기묘한 맛이 나게 섞어서 담은 스물두 잔의 작은 종이컵을 내놓았다.

연구진은 참가자들에게 지금부터 역겨운 맛의 혼합물을 마시면 돈을 줄 것이며, 그 비용은 전적으로 몇 잔을 마시느냐에 달려 있다고 말했다. 앞서 아무런 선택을 하지 않은 사람들은 평균 여덟 잔을 마셨다. 하지만 선택을 하느라 정신적 에너지를 소진한 사람들은 대체로 이 불쾌한 맛의 혼합물을 두 잔 이상 마시지 못했다.

또 다른 실험에서도 참가자들 중 절반은 여러 가지 힘든 선택을 하고, 나머지 절반은 그저 비교만 했다. 그 후 이번에는 참가자들에게 얼음장같이 차가운 물에 한 팔을 집어넣고 최대한 오래 버티게 했다. 이 실험에서 앞서 에너지를 소모하며 결정해야 했던 사람들은 고통스럽도록 차가운 물속에 팔을 넣고

1분도 채 버티지 못했다. 반면 에너지를 별로 소비하지 않은 다른 그룹의 참가자들은 첫 번째 그룹보다 두 배 이상 더 오래 버텼다.

추가적으로 진행된 실험에서는 다음 학기에 무엇을 공부할지 선택하느라 에너지를 다 쓴 학생들이 중요하다고 생각하는 수학 시험을 앞두고 연습 문제를 잘 풀지 못하는 모습을 보였다. 이 학생들은 주의가 산만해져서 수학 문제를 푸는 대신 자제력을 테스트하기 위해 실험 현장에 둔 잡지를 읽거나 비디오 게임을 했다. 이 실험의 의도는 학생들의 실력을 평가하는 데 있지 않고, 유혹에 저항할 때 필요한 에너지를 파악하는 데 있었다.

연구진은 또 쇼핑객들을 대상으로도 위와 비슷한 실험을 실시했다. 우선 쇼핑객들에게 얼마나 많이 선택했고, 선택을 하기 위해 얼마나 많이 노력했는지 물었다. 그런 다음, 간단한 수학 문제 여러 개를 모두 풀게 했다. 이번 실험에서도 결정할 때 가장 많은 에너지를 쏟은 사람들이 가장 적은 개수의 문제를 풀었다. 학생들에게 풀기 힘든 퍼즐을 완성하라고 했을 때에도 결과는 같았다. 퍼즐을 풀기 전 많은 선택을 해야 했던 학생들이 아무런 선택도 하지 않은 학생들보다 퍼즐을 완성하기까지 잘 버티지 못하고, 더 적은 시간을 퍼즐에 투자했다.

마지막 실험에서는 자제력 연구에 있어 한층 더 의미 있는 결과가 도출되었다. 이 실험에서는 많은 선택을 한 그룹과 아무런 선택을 하지 않은 그룹을 새로운 방으로 이동시켜 짧은 동영상을 보게 했다. 비디오 플레이어가 고장을 일으키도록 미리 설정해놓은 상황에서 참가자들이 연구진에게 문제가 생겼음을 알리는 데 얼마나 오래 걸리는지 알아보기 위한 테스트였다. 이때 아무런 선택도 하지 않았던 사람들은 에너지가 충분했으므로 몇 분 만에 주도적으로 행동을 취했지만, 선택하는 데 많은 시간을 투자했던 사람들은 행동을 취하기까지 대체로 두 배 이상의 시간이 더 걸렸다.

굳이 그럴 필요가 없는데도 더 많이 노력해서 선택한다면 삶의 에너지를 낭비하는 셈이다. 필요 이상으로 더 노력하지 않는 것은 게으른 것이라기보다 현명한 판단에 가깝다. 제대로 노력해야 제대로 된 보상을 얻는다. 때로는 많은 고통을 묵묵히 견뎌내기보다 그저 자연스러운 움직임을 따르는 편이 즐겁게 원하는 보상을 얻을 수 있는 최선의 길이 되기도 한다. 내면의 자아, 무의식이 이미 찾아낸 가르침에 귀를 기울이고 편안하게 선택하면서 앞으로 나아가라.

제대로 노력해야 제대로 얻는다.

변화를 새로운 경험과
기회의 장으로 삼아라

　막연히 세상이 좋아지기를 바라며 자신의 과거와 현재, 미래에 대한 결정을 고민하느라 시간만 축내는 사람들에게는 재능을 시험하거나 발휘할 기회도 사라지고 만다. 그리고 행동할 기회마저 잃고 만다. 완벽한 타이밍, 친절한 지지자, 로또 당첨, 오프라 윈프리의 목소리, 시간을 거슬러온 노벨상 위원회가 지금의 선택, 아이디어, 여정으로 성공할 수 있다고 안심시켜주기를 기다리는 동안 시간만 덧없이 흘러간다.

　자신이 처한 환경에서 더 좋은 일이 생기게끔 만드는 것이야말로 성공의 핵심이다. 꼭 극적일 필요도 없고, 칭찬이나 상을 받거나, 타임지 표지에 실리지 않아도 된다. 그저 자신의 인생에서 벌어지는 사건들을 즐기면서, 자신을 시험하며, 무언가를 해나가는 즐거움에 빠져 지내다 보면 얼마든지 원하는 일을 성취할 수 있다. 이것은 바로 묵묵히 앞으로 나아가는 힘이 있다면 가능한 일이다.

살아가다 보면 누구나 어려움을 겪을 때가 있다. 놀라거나 충격을 받을 때도 있다. 전혀 예상치 못한 사건이 생기기도 한다. 반갑거나 속상한 일도 있고, 심각하거나 사소한 일도 있다. 가령 권투 선수는 펀치를 맞는다. 격투기 선수는 얻어맞고, 발로 채이고, 링에 처박힌다. 하지만 최고의 승부사들은 얻어맞는다는 사실을 이미 알고 있기 때문에 실제로 그런 일이 생겼을 때 매끄럽게 대응할 수 있도록 미리미리 준비를 한다.

킥복싱 선수에 대한 어느 연구에서 가장 뛰어난 프로 선수는 경기 시작 전 미리 경기를 시각화한다는 결과가 나왔다. 얻어맞는 순간의 충격과 상대 선수가 제대로 보호하지 못한 코나 배를 가격할 때 어떻게 느끼고, 무엇을 할지 머릿속에 그려둔다. 뿐만 아니라 미래의 자아가 충격을 최소화하는 방식으로 공격에 대처하려면 어떻게 해야 할지도 상상한다.

흔히 권투 선수들은 방어 태세를 갖추고, 머리를 좌우로 움직인다. 상대방의 펀치가 다가오면 미리 예상하고 있다가 한쪽 옆으로 물러나며 공격을 피해 빠져나가려는 시도를 한다. 격투기 선수들 역시 유연한 동작으로 옆으로 비켜서서 상대방이 공격 태세를 갖추지 못하게 한다.

뛰어난 권투 선수는 얻어맞을 때 옆으로 비켜서거나 주먹을 휘둘러 충격을 최소화한다. 앞으로 몸을 구부려 상대방의 팔을 압박하기도 한다. 링에 가까이 있다면 로프에 기대 충격을 완화하기도 한다. 그런 다음, 반격할 에너지를 회복하여 다시 움직인다.

이종 격투기 선수는 상대 선수가 자기를 메다꽂으려 할 때 받게 될 극심한 충격을 막기 위해 옆으로 구른다. 뛰어난 격투기 선수는 대개 구르면서 양손으로 머리를 보호한다. 또 턱을 안으로 집어넣고 숨을 내쉬면서 최대한 탄력을 유지하려 한다. 딱딱한 바닥에 뼈가 부딪히지 않게 하고, 부드럽게 구른 다음 다시 일어서기 위해서다.

유능한 권투 선수와 격투기 선수는 자기보다 실력이 떨어지는 선수들을 상대할 때에도 시종일관 맹렬하게 맞선다. 공격에 맞서는 힘은 여전히 강력하지만, 공격에 따라 달리 생각할 줄 안다. 그리고 상대의 힘을 활용하여 공격에 반응한다. 이와 유사하게 나우이스트는 다른 사람들과 객관적으로 같은 변화를 경험할 때에도 훨씬 더 유연하게 받아들인다.

로마의 심리학자들은 서로 다른 네 개의 집단이 근무 환경에 큰 변화가 생겼을 때 어떻게 대처하는지 조사했다. 이 중 한 집단은 간호사들로서 의사의 조수 역할을 하는 전통적인 유형에서 현대적이고 독립적인 건강관리 전문가로 탈바꿈해야 했다. 다른 그룹은 우편집배원, 군인, 변호사였다. 이들 모두 간호사 집단처럼 그동안 일해오던 방식을 완전히 바꾸어야 했다.

심리학자들은 네 그룹 모두를 대상으로 나우이스트의 사고 방식을 가지고 있는지, 그렇지 않은지 조사한 다음, 주요 변화에 어떻게 대처하는지 평가했다. 커다란 변화에 대응하여 어떤 행동을 취하는지가 이들의 일상에 중대한 영향을 미쳤다. 퍼센트를 기준으로 평가했을 때 네 그룹에 속하는 사람들의 역할에는 평균 90퍼센트의 변화가 발생했다.

이때 나우이스트의 사고방식이 강한 사람들은 변화를 수용하여 훨씬 더 빨리 흥미롭고 새로운 현실로 받아들인다는 결과가 나왔다. 그들은 새로운 현실을 기존의 일상과는 다르지만, 적어도 지루하지는 않으므로 좋은 현상이라고 생각했다. 새로운 현실에서 새로운 기회가 생긴다는 점을 경험과 본능을 통해 알고 있었다. 변화가 생기면 새로운 일과 새로운 경험을 자연스럽게 할 수 있다.

나우이스트는 변화를 빠르게 수용하기 때문에 남들보다 유리한 출발선상에 서며, 새로운 상황 자체를 최대한 자연스럽게 활용할 방법을 찾는 데 매진한다. 새로운 환경에 대해 불평하거나, 소극적인 입장을 취하며 좌절하는 대신 그 환경을 자신들의 무대로 바꾸려 한다. 반면 상황과, 때로는 자신과 갈등을 겪는 사람들은 과거가 더 좋았는지, 미래가 더 불행할지 계속 따져 묻는다. 그러다 보면 으레 소중한 에너지와 시간을 탕진하기 마련이라 다른 사람의 인내심마저 사라지게 하고, 아무런 성과도 얻지 못한다. 결국 이익을 거두거나, 영향을 줄 수 있는 효율적인 행동은 취하지 못하고, 아예 변화 자체를 못하기도 한다.

파쿠르(도시와 자연환경 속의 다양한 장애물을 활용한 개인 훈련)를 연습하면서 높은 수준의 대처 능력과 나우이스트의 사고방식을 키우고, 도심 지역에서 파쿠르로 이동하는 접근방식을 개발한 사람들을 생각해보자. 이들에게는 콘크리트 장벽과 철 난간, 벽돌 담, 철망 장애물 하나하나가 새로운 도전에 맞서 자신을 증명하는 계기가 되었다.

파쿠르 철학은 레이몬드 벨의 경험에서 비롯되었다. 프랑스에서 의사의 아들로 태어난 벨은 고작 일곱 살의 나이에 베트남의 군부대 고아원에 들어갔다. 하지만 그는 가혹한 환경의 희생자가 되기보다 밤마다 프랑스어로 '파쿠르'라는 이름의 군대 장애물 훈련을 연습하며 지냈다. 시간이 한참 흐른 뒤 레이몬드는 프랑스에서 아들 데이비드에게 그의 모험을 들려주었고, 매우 활동적인 성격의 데이비드는 처음에는 아버지와 비슷한 방법으로 파쿠르 훈련을 시작하다가 차츰 일상 속에서 장애물 훈련을 연습하기 위해 도심 지역을 활용하게 되었다.

데이비드의 풍부한 에너지는 친구들 집단을 불러 모았고, 그들은 함께 '움직임의 예술'이라고 부르는 방법을 개발했다. 파쿠르의 목적은 장애물을 넘어 최대한 부드럽게 움직이고, 반복을 통해 각 동작을 정복하는 데 있다. 그 결과는 대중을 압도했고, 수백만 명의 사람들이 데이비드와 친구들이 여러 층의 블록과 난간 너머로 불가능해 보이는 점프를 시도하는 장면을 연신 감탄하며 지켜보았다. 파쿠르를 연습하는 사람들은 움직임과 자기표현을 통해 얻는 명쾌한 즐거움을 좋아한다.

난관 속에 자유가 있고, 두려움 속에 즐거움이 있다. 난관을 환영하고, 두려움을 받아들여라.

편안함을 위해서는
불편함을 감수하라

나우이스트는 힘든 상황에 적응하면서 장애물을 피해 움직이는 기술을 연습한다. 의도치 않은 사건이 발생했을 때 적극적으로 대처하는 기술도 가지고 있고 일상의 장애물이나 삶의 본질, 특히 자신의 일상에 큰 영향을 줄 만한 일에 대해서도 열성적으로 준비해둔다. 진정으로 편안해지기 위해서는 불편함을 감수해야 한다.

빠르게 나아가는 동시에 편안함을 유지하기 위해서는 많은 노력을 해야 한다. 무엇보다 성장하려면 우선 능력을 넓혀야 한다. 좋은 일이 생기게 만드는 노하우와 어떻게 대처할 것인지에 대한 노하우, 꾸준히 발전해나가기 위한 노하우도 익혀야 한다.

　여기서 잠깐 아일랜드 전통 축구 게일릭 축구의 상급, 중급, 초급 선수를 비교한 사례를 한번 살펴보자. 이 연구에서는 모든 선수들에게 새로운 기술을 접하게 한 다음, 선수들이 어떻게 반응하는지 보기 위해 동영상으로 촬영을 했다. 이때 상급 선수들은 시범을 보고 나서 중급 혹은 초급 선수보다 훨씬 더 집중해서 연습했다. 이 연구의 놀라운 대목은 몇 달 후 선수들의 실력을 테스트하는 과정에서 드러났다. 중급 및 초급 선수들은 새로운 기술을 기억하거나 선보이기 어려워하는 반면, 상급 선수들의 경우 새로운 기술을 익히는 데 익숙해져 그 어떤 기술을 습득하는 데에도 무리가 없었다.

　새로운 기술을 편안하게 받아들여 오래도록 지속하기 위해서는 앞서 논의한 자신과의 대화, 자기 지도력과 같은 자기 코치 기술이 필요하다. 또 스스로 알기 힘든 해답과 관점, 에너지를 제공해줄 만한 사람들을 찾는 방법도 있다. 그들에게 질문을 던지거나 그들의 모습을 지켜보면서 많은 것을 배울 수 있을뿐더러, 그들에게 나의 사명을 이해시킴으로써 내가 되고 싶어 하는 모습을 이끌어내는 데 적극적으로 참여하게 할 수도 있다. 이와 같은 현상을 '미켈란젤로 효과(자신과 가까운 사람을 자신이 원하는 이상적인 모습으로 탈바꿈시키려는 경향)'라고 한다.

최고의 조각가는 돌 안에 숨어 있는 모양을 드러나게 할 뿐이라는 미켈란젤로의 관점을 바탕으로 생긴 이름이다.

그렇다면 어떤 사고방식이 우리가 되고 싶어 하는 자아를 드러내는 데 가장 유리할까? 이 질문에 대한 해답을 찾기 위해 심리학자들은 막 사랑에 빠져 새롭게 관계를 형성한 200쌍의 커플을 모집했다. 그리고 그들이 나우이스트적인 태도를 취하는지, 아닌지 평가하기 위해 몇 가지 질문을 했다.

심리학자들은 6개월 동안 이 커플들을 취재하면서 현실적인 측면과 보다 존재론적인 측면의 노력에 파트너가 어떤 도움을 주는지 알아보기 위해 미리 심혈을 기울여 준비한 질문을 던졌다.

이때 이동 성향이 강한 사람들은 평가 성향이 강한 사람들보다 한층 더 도움이 되는 지지와 통찰력을 제공했다. 그리고 상대방의 제안과 관점도 더 흔쾌히 받아들였다. 이동 성향이 강한 커플은 변화를 삶의 자연스러운 일부로 생각하고, 적극적으로 심리적인 변화를 추구했으며, 충고와 통찰력을 주고받는 과정을 기쁘게 생각했다. 이러한 결과가 나온 원인 중 하나는 나우이스트들이 파트너에게 한 제안이 더 명쾌했기 때문이기도 하다. 그들은 행동하기 위해 생각하므로 상대방에게 제안할 때에도 '실천할 수 있는가?'라는 관점에서 생각한다. 나아가기 위해 행동하므로 삶의 기쁨을 공유하는 데서 즐거움을 느끼는 삶의 동반자가 된다.

행동을 하면 강해 보이고,
실제로도 강해진다

앞서 가는 사람을 따라가기는 제법 쉽다. 특히 길을 따라가는 과정을 무척 의미 있게 만들면서 재미까지 느끼는 사람들에게는 영향력과 힘이 생기기 때문에, 나아가는 과정에 점차 속도가 붙어 다른 사람들도 그 흐름에 동참하게 된다. 앞장서서 이끄는 사람이 따라가기 정말 어려운 유형의 사람이거나, 그 사람이 가고 있는 길이 결코 쉽지 않은 경우에도 그를 따라가는 편이 새로운 길을 개척하는 것보다는 더 수월하다.

가령 스티브 잡스는 괴팍한 천재였다. 툭 하면 소리치고 질책하며 사람들을 괴롭히고 엄격하게 대하는 데다, 좀처럼 그냥 넘어가는 법이 없고 화도 잘 냈다. 불가능한 기준을 내세운 스티브 잡스는 불가능해 보이는 임무를 실현하기 위해 '현실왜곡장reality distortion field(동료들에게 확신을 심어주고 몰아붙여 불가능한 일을 하게끔 하는 독특한 리더십)'을 동원했다. 잡스는 목적의식과 움직임의 감각을 창조하고 이를 유지할 줄 알았다. 그는 넘치는 에너지로 자신을 따르는 사람들을 지탱하고 자극할 수 있었다.

잡스와 같은 행동과 힘, 힘과 행동의 순환은 상호 간에 긍정적인 영향을 미친다. 다음에 소개할 상당히 독창적인 연구가 이를 증명한다. 이 연구는 자신이 어떤 그룹의 지도자라고 생각하면 주도적으로 행동할 가능성이 높아진다는 사실을 새삼 증명했다.

이 실험에서는 참가자들을 똑같이 두 팀으로 나누었다. 그리고 한쪽 팀에 속한 사람들을 따로 불러 적성 평가 결과, 그룹의 지도자로 선정되었다고 말했다. 그 후 팀원 모두에게 레고 쌓기 과제를 할당하며 지도자로 선택되었다고 말한 절반의 사람들에게는 어떻게 구성할지 지시하고, 모두가 얼마나 과제를 잘 소화하는지 평가하며 그룹에 보상을 제시하는 과정에 대한 전권을 부여했다. 그리고 나머지 절반의 사람들에게는 적성 평가 결과, 아무런 권한이 주어지지 않으며, 지도자가 시키는 것은 무엇이든 따라야 한다고 말했다.

이 설정은 그다음 진행된 실험에 큰 영향을 미쳤다. 다음 실험에서 각각의 참가자는 칸막이가 있는 좁은 방에 들어가 또 다른 유형의 테스트를 받았다. 이는 도박 게임 블랙잭(21을 넘기지 않으면서 최대한 21에 가까운 수를 만드는 게임)의 컴퓨터 버전이었다. 각각의 참가자는 이 게임이 진짜라고 생각했으나 사실 조작된 게임이었다. 사람들은 총합이 16이 되는 두 벌의 카드를 받았으며, 또 다른 카드를 받을지 말지 결정해야 했다. 이와 같은 상황에서 권한이 주어졌다고 생각하는 사람들은 권한이 없다고 생각하며 부수적인 역할만을 맡은 사람들보다 훨씬 더 주도적으로 대처했다. 권한이 주어졌다고 생각하는 사람들의 92퍼센트가 여분의 카드를 받은 반면, 권한이 없다고 생각하는 사람들의 겨우 절반만이 카드를 받았던 것이다. 이처럼 스스로 권한이 있다고 생각하면 주도적인 행동을 취하기도 더욱 쉬워진다.

그렇다면 자신에게 어떤 권한이 생겼다는 인식이 커지면 실생활에서도 더욱 주도적으로 행동하게 될까? 이와 같은 의문점을 규명하기 위해 실험에 참여한 그룹의 절반에게는 다른 사람들이 자기보다 강했던 시기를 떠올리며 스스로 더 약해진 것 같은 느낌이 들게 만들고, 나머지 절반에게는 다른 사람들보다 자기에게 더 힘이 있었던 때를 회상하며 더 강해진 느낌이 들게 유도했다. 이 교묘한 실험의 다음 단계로 사람들을 다른 방으로 옮겨 시험 문제를 다 풀게 했다. 방에서는 사람들이 앉아 있는 책상 옆에 선풍기를 틀어놓고 얼굴 쪽으로 자꾸 바람이 불어 계속 신경에 거슬리게 만들었다. 그런데 이번에도 자신이 강하다고 생각하는 사람들이 선풍기를 무시하기보다 다른 곳으로 옮길 확률이, 자신이 나약하다고 생각하는 사람들보다 두 배나 더 높았다. 대부분의 상황에서도 마찬가지다. 자신이 강하다고 생각하면 주도적으로 행동할 가능성이 높아진다.

위의 실험들이 증명하듯 나아가는 것은 스스로 강해졌다는 느낌이 들게끔 하여 더 많은 행동을 취할 수 있도록 독려한다. 어떤 행동을 취해 성과를 거둔 경우 강해졌다는 느낌도 훨씬 더 커진다.

최초의 행동과 힘의 순환은 여러 가지 의미로 확장할 수 있다. 그중 하나는, 강하고 단호하게 행동하는 사람에게는 영향력이 생긴다는 점이다. 영향력이 있는 사람은 중요한 인물로 부각되어 다른 사람들의 행동을 이끌어낼 가능성도 높아진다. 자신의 일에서도 더 많은 자산을 확보하고, 다른 사람들의 지지를 얻게 되어 꾸준히 더 멀리 더 빠르게 나아가는 데에도 도움을 받을 수 있다.

젊은 억만장자 프랭크 왕은 함께 일하기 쉽지 않은 사람이었다. 왕의 스타트업 팀 사람들은 모두 일 년 내에 회사를 떠났다. 하지만 왕은 곧 에너지, 즉 힘을 회복했고 새로운 사람들을 끌어들여 빈자리를 교체했다. 왕의 회사는 현재 빠르게 성장하는 무선제어 비행 드론 시장에서 70센트의 지분을 확보하고 있다. 그의 일화는 날개가 달린 기계 시장에서 일어난 유쾌한 기적이다.

이 사례에서 얻을 수 있는 교훈은 억만장자가 되어야 다른 사람들의 지지를 받을 수 있다는 것이 아니다. 앞으로 나아가는 행위 자체에 고유의 힘이 있다는 것이다. 단 한 순간, 단 한 번의 행동에도 힘이 있다. 그리고 오랜 시간에 걸친 지속적인 행동은 매우 강력하여 다른 사람들에게 영향을 미치고, 그들을 끌어당길 수 있다.

사람들은 대부분 행동을 취한다는 것 자체를 힘이 있다는 의미로 받아들인다. 예를 들어 어떤 실험에서 누군가에게 책상 위에 발을 올려놓게 하자, 사람들은 그 사람에게 관습에서 벗어나는 행동을 취할 수 있는 능력이 있고, 힘이 있다고 생각했다. 다른 연구를 통해서도 어떤 사람이 걱정하지 않고, 거절당할 것을 우려하지 않는 듯이 행동하면 그 사람에게 힘이 있는 것으로 보인다는 사실이 밝혀졌다. 어떤 행동을 취하는 것은 적어도 관습에 저항할 만큼의 힘이 있다는 증거가 된다.

다른 연구에서도 유사한 결론에 도달했다. 사람들에게 미국

전 대통령들의 서로 다른 두 가지 성향의 연설을 들려준 다음, 어떤 연설을 한 대통령들이 더욱 힘이 있어 보이는지 물었다. 이때 사람들은 평가와 신중함에 초점을 맞춰 연설한 대통령들을 약해 보인다고 생각했다. 반면 앞으로 나아가는 태도와 즉각적인 행위를 강조한 대통령들은 훨씬 더 강해 보인다고 평가한 사람들이 많았다. 아주 사소한 일에서조차 행동을 즉각 취하는 사람들은 얼마간의 힘을 발휘한다. 당연히 그럴 수밖에 없다. 행동을 취하려 앞으로 나아가는 사람은 아무런 행동도 하지 않으며 에너지를 낭비하기보다 힘을 행동으로 옮기려 하기 때문이다.

앞에서 성가신 선풍기 바람을 불어오지 않게 하려고 적극적으로 행동했던 사람들이 스스로 힘이 더 커진 것 같다고 느꼈던 실험으로 돌아가보자. 사람들에게 신경에 거슬리는 선풍기를 꺼버린 여자의 동영상을 보여주자, 사람들은 그녀가 선풍기를 끄지 않았을 때보다 껐을 때 훨씬 더 강해 보인다고 생각했다. 행동을 취했을 때 그녀의 사회적 위치가 더 높아 보인다고 추측하기까지 했다. 한번 생각해보라. 자신이 강하다고 생각하면 행동을 취할 가능성이 더욱 높아진다. 또 행동을 취하면 강한 사람으로 보일 가능성도 더욱 높아진다.

누군가의 지시가 아닌
변화와 기회를 좇아라

나우이스트는 리더를 판단할 때 전통적인 권위나 스타일, 체제에 입각하여 지시하기보다는 자신으로 하여금 효과적인 행동을 꾸준히 취할 수 있는 기회를 주는지를 중요시한다. 물론 더욱 신속하게 나아갈 수 있는 경우에는 전통적인 위계질서를 선호하기도 한다. 때로는 아무런 규칙도 없고, 리더도 없이 최적의 속도를 낼 수 있는 문화를 따를 때도 있다. 우리는 자신을 시험하고 더 빨리 발전해나갈 수 있도록 자극을 주는 리더를 따라야 한다. 즉, 지시가 아닌 기회를 좇아야 한다.

생각하는 동시에 행동하는 능력을 끌어당기고 활용하기 위해서는 신속하게 나아갈 기회를 찾는 방법이 최선이다. 그리고 다른 사람들에게도 한계를 시험하게 하라. 여러 혁신적인 비디오 게임을 제작하는 밸브 코퍼레이션 같은 회사가 남다른 작업 방식을 추구하는 것도 같은 이유에서다. 밸브 코퍼레이션은 원칙적으로 사람들이 스스로 원하는 프로젝트를 완수해나갈 수 있게끔 한다. 다른 사람들과 함께 일할 수 있는 사람은 누구나 새로운 프로젝트를 만들어도 된다. 사무실에 바퀴 달린 책상까지 있어 다른 직원들에게 즉시 찾아가 함께 팀을 만들 수도 있다. 이곳에서는 저마다 즉흥적으로 행동한다. 아무도 획일적인 경영구조와 규칙에 얽매여 쓸데없이 시간과 에너지를 낭비하지 않는다.

획일적인 환경에서 일하는 데 만족하는 사람들도 많다. 하지만 이런 경우 환경이 자신의 부단한 활동을 가로막지 않는다는 것이 전제가 되어야 한다. 핵심은 더 편안하고 덜 고통스럽게 행동하고 판단할 수 있도록 조직의 풍토를 살짝 비트는 데 있다.

협상의 과정을 일의 자연스러운 일부, 변화의 일부로 생각할 때 일을 더 잘 완수할 수 있다. 그렇게 되면 조직문화도 더 이상 피해야 할 대상이 아니라 포용할 대상의 일부가 된다. 어떤 일을 시작하기 전에 완벽한 답을 찾기보다는 한 걸음 앞으로 나가는 데 목표를 두어야 한다.

변화에 박차를 가하는 리더가 되어야 나우이스트를 끌어들일 수 있다.

　나우이스트는 리더를 볼 때 그 사람의 스타일이 아니라 그가 일으킬 수 있는 변화의 속도를 기준으로 판단한다. 행동과 힘의 순환은 놀랍도록 강력하여 힘이 있다는 생각이 들면 적극적으로 행동을 취할 가능성이 더 높아진다. 행동 지향적인 사고방식에 따라 더 힘이 강해진 것 같은 기분이 들기 때문이다. 그리고 다른 사람들도 함께 일하고 싶어 한다. 덕분에 꾸준히 앞으로 나아가기가 더 수월해지기 때문이다.

자신에게 힘이 있다는 사실을 기억할 때 행동은 더욱 강력한 습관이 된다.

　다른 사람들의 힘을 포용하고, 그들의 힘을 키우는 일을 목표로 생각하라. 그리고 모든 상황을 원하는 목표에 도달하기 위한 수단으로 평가하라. 다른 사람들에게 힘을 실어주고, 그들과 함께 일하는 순간부터 함께 일하는 즐거움을 느끼게 될 것이다.

　우선 적극적으로 다른 사람들의 도움을 구한다는 점을 분명히 밝혀라. 그래야 하는 이유는 간단하다. 사람들은 그들의 아이디어와 경고, 제안을 열린 마음으로 받아줄지 알고 싶어 하기 때문이다. 기꺼이 잘못을 바로잡을 준비가 되어 있는지, 어떤 도움을 필요로 하는지 알고 싶어 한다.

　다른 사람들에게 그들이 힘을 가졌거나 빨리 나아갔을 때를 떠올리게 하면 나우이스트처럼 느끼고 행동하기 쉬워진다는 사실을 기억하라. 다른 사람이 힘과 행동의 순환을 키우도록 하는 데 시간을 투자하는 것은 무척 가치 있는 일이다. 그렇게 하면 자신의 일을 완수하면서 꾸준히, 편안하게 앞으로 나아갈 가능성도 훨씬 더 높아진다.

**확실한 답을 찾는 길은
확실한 행동뿐이다**

제5장

모든 경험을
즐겁게 받아들여라

해야 한다고 생각하는 일이 할 수 있다고 생각하는 수준을 넘어서면 누구든 좌절감에 빠지기 쉽다. 지금 이 순간이 스트레스로 가득 차고, 지치거나 버겁고, 혼란스럽거나 우울하게 느껴질 때도 있다. 하지만 나우이스트는 요동치는 일상의 변화를 마다하지 않는다. 일상의 방해 요소와 요구 사항, 여러 업무 병행, 풍요로운 가능성을 기꺼이 받아들이자.

행복을 측정하는
3가지 방법

흔히 심리학자들은 다음의 세 가지 접근방식을 사용하여 인간의 행복 지수를 파악한다.

첫 번째로 서로 다른 감정의 유형을 활용하여 사람들에게 어떻게 느끼는지 묻는다. 자신만만하다고 느끼는지, 안정된 기분이 드는지 등을 묻는 것이다. 이는 유용한 방식이기는 하지만, 그저 상자에 입력하는 방식의 행복일 뿐이다. 모든 상자에 다 입력한 사람은 이론적으로 보면 행복하다고 느껴야 하지만, 현실적으로는 그리 행복하지 않을 수도 있다. 스트레스를 받으면 열심히 일하면서 종이에 입력한 수치만큼의 즐거움은 누리지 못한다.

두 번째로 일정 기간 동안 좋다고 생각하거나 나쁘다고 생각한 시간을 모두 더한 다음, 행복했던 시간이 불행했던 시간보다 더 많은지 계산한다. 총합을 산출하는 방식으로, 이 방식에 따라 판단하면 좋은 시간이 더 많았다고 답한 사람은 실제로도 잘살고 있다고 생각하게 된다. 나우이스트는 바로 두 번째 방식의 행복을 경험한다. 분주하게 자신의 선택을 즐기고, 또 그렇게 즐기는 대상을 선택하기 때문이다. 어느 연구에 따르면 나우이스트의 사고방식이 뚜렷한 학생들은 다른 학생들에 비해 긍정적인 감정을 더 많이 경험하고, 자기 만족감도 더 높은 것으로 나타났다.

행복을 측정하는 세 번째 방법은 과거의 선택과 현재의 상황, 미래의 전망에 얼마나 만족하는지 물어보는 것이다. 예를 들어 과거로 돌아갈 수 있다면 무엇을 바꾸고 싶은지에 대해 질문을 던진다. 그리고 현재나 미래의 삶에서 바꾸고 싶은 부분이 있는지도 묻는다. 이 연구에서도 나우이스트의 사고방식을 가진 학생들은 현재의 즐거운 경험을 통해 가치 있게 여기는 미래를 향해 적극적으로 나아가는 모습을 보였다. 한편 반대 성향의 학생들은 실망과 실패 앞에서 자신을 보호하려 했다. 하지만 안타깝게도 자신을 보호하려는 학생들의 노력은 뜻밖의 즐거움, 불확실한 미래에 수반되는 자극, 장애물을 극복할 때의 만족감 같은 긍정적인 경험도 동시에 앗아갔다.

　나우이스트는 행동을 취하며 자연스럽게 연구자들이 '권한 부여empowerment의 순환'이라고 표현하는 미래를 맞이하게 된다. 한마디로 나우이스트는 이른바 상상 속의 예언을 통해 스스로 원하는 미래를 미리 내다보고, 자기만족적인 행동을 취하면서 행복을 만들어내는 사람이라고 할 수 있다.

내면의 기쁨을
추구하라

행동을 취하기 위한 기본적인 도약의 기술을 터득하면 이 기술을 새로운 상황과 목표에도 적용하기가 쉽다. 다른 기술을 배울 때처럼 한 가지 기법이나 기본적인 기술로 새로운 가능성을 확보한 다음에는 발전 단계에 들어서게 된다.

나우이스트의 남다른 특징은 새로운 움직임이나 기본적인 움직임의 새로운 조합을 적극적으로 찾아 나선다는 데 있다. 나우이스트는 그랬으면 좋았겠다고 체념하거나, 그러지 말았어야 한다고 후회하거나, 실패하거나 비판당할까 두려워하느라 삶을 낭비하지 않는다. 실패 역시 하나의 움직임이며, 움직이는 것은 새로운 경험을 전혀 하지 못할 때보다 훨씬 더 흥미진진하다고 생각한다.

모든 일에는 어떤 움직임이 필요하고, 모든 성취에는 어떤 행동이 필요하다. 하나하나의 움직임과 행동이 다음 단계를 가능케 한다. 1940년대에도 수많은 사람이 각양각색의 새로운 도전을 했다. 그중에서도 특히 서퍼들은 계속 큰 파도가 밀려오지 않자 즐길 거리를 찾다가 서핑 보드에 롤러스케이트를 결합하기 시작했다. 그리고 이 새로운 활동에 '사이드워크 서핑'이라는 이름을 붙였다. 사이드워크 서핑은 점차 시간이 흘러 전 세계 사람들이 '스케이드보딩'이라고 부르게 되었다.

처음에 서퍼들은 상당히 일차원적인 변화를 시도했다. 스케이드보드에 서서 장애물을 피해가며 한 발을 사용해 보드를 앞으로 밀면서 타고 가기 시작한 것이다. 비관론자들은 위험한 일이 생길 수도 있고 아이들이 호기심에 따라 할 수도 있다며 반대했지만, 스케이드보드를 타는 사람들은 꾸준히 앞으로 나아갔고 마침내 이차원적인 기술을 개발했다.

어느 날 캘리포니아 주에 거주하는 평범한 학생이었던 프랭크 내스워시는 스케이드보드를 타는 사람들이 바퀴를 덜거덕거리며 지나가는 모습을 보게 되었고, 때마침 가족의 친구가 소유한 공장에서 폴리우레탄 바퀴도 발견했다. 프랭크는 폴리우레탄 바퀴를 기본적인 스케이트보드 바퀴 형태로 수리하여 스케이드보드를 타는 사람들이 사용할 수 있게 만들었다. 새로운 바퀴를 달자 점프를 해도 스케이드보드가 아래로 미끄러지지 않게 되었다. 프랭크 덕분에 과거에는 할 수 없었던 새로운 방식의 점프가 가능해진 것이었다. 프랭크는 일 년 사이에 30만 개의 바퀴를 팔았고, 보드를 타는 사람들은 삼차원적으로 기술을 전환했다.

가뭄으로 물이 말라버린 수영장에서 최초로 스케이트보딩을 시작한 사람들 중에 전설적인 스케이트보딩 팀 제트보이가 있었다. 제트보이 팀은 수직으로 된 벽 위에서 파도라도 타듯 스케이트를 타고 수영장 가장자리 쪽으로 높게 점프했다. 그리고 그들만의 베르트vert 스타일을 개발하여 여러 대회에서 수차례 우승하며 전 세계에서 팬을 확보했다.

앞으로 나아가기 위한 부단한 열망으로 사이드워크 서핑을 창조하고, 즉흥적인 모험에서 즐거움을 찾아 아찔한 수직 점프를 개발하고, '알리Ollie'라는 기술을 발명시킨 일상의 평범한 실험 등을 통해 수백만 명의 사람들이 독창적인 선구자를 따라나선 사례를 연구하면 나우이스트에 대해 많은 것을 알 수 있다. 나우이스트는 순전히 "재미가 있기 때문에" 이런 일들을 한다. 이는 제트보이의 멤버였던 페기 오키가 직접 한 말이다.

페기는 여전히 스케이드보드를 타면서 청정 해안을 위해 열

145

모든 경험을
즐겁게 받아들여라

렬히 캠페인 운동을 펼친다. 그녀가 하는 일은 모두 재미가 있어서 하는 것이다. 그리고 자유를 느낄 수 있기 때문에 하는 것이기도 하다. 도전을 감수하면 힘을 북돋아주는 활기찬 에너지가 생기고, 자신에게 위험을 감수하면서도 꾸준히 추진할 힘이 있다는 사실을 확인하게 된다. 바로 이런 이유 때문에 나우이스트는 더욱 강해지고, 또 스스로 하는 일이 옳다고 느끼게 된다.

다른 사람들에게 잘하는 것처럼 보이기 위해 스트레스를 받기보다 내면의 기쁨을 추구하는 삶을 살자. 다른 사람들에게 잘하는 것처럼 보이고 싶을 때에는 남들이 다 옳다고 생각하는 정답이자, 단 하나의 진정한 방법을 찾는 데 초점을 맞추려 할지 모른다. 게다가 스스로 옳다고 느끼는 순간을 부정하려 할지도 모른다.

한 실험에서 사람들은 최고의 위치에서 물러날지도 모른다고 지레짐작하는 성향이라는 설정으로 협상에 임하게 되었다. 그러자 자신감이 더 많이 생길 근거가 충분한데도 그들은 자신감이 부족한 모습을 보였다. 잘하고 있다는 생각을 하지 못해서가 아니었다. 잘하고 있다는 자신의 느낌을 믿지 못하기 때문이었다. 실제로도 자신감이 부족한 사람은 잘하고 있다고 만족하면서 그 느낌에 따라 편안하게 행동하고 판단하는 태도에서 멀어지게 된다.

잘하고 있다는 내면의 느낌보다 잘하는 것처럼 보이고, 좋아 보이고 싶다는 욕망이 커지면 여러 가지 형태의 속임수를 쓰기 쉽다. 운동을 할 때 그저 멋져 보이고 싶어 하는 사람은 실제로 몸에 좋은 운동을 빠뜨리기도 한다. 팔굽혀펴기를 하면서 바닥에 배가 닿아야 할 때 '축 늘어뜨리는' 속임수를 쓰거나, 몸을 다시 일으킬 때 위로 '반동'하는 속임수를 쓰기도 한다. 제대로 전체 동작을 반복하는 횟수가 줄어드는 대신 횟수를 거듭할수록 속임수만 늘어난다.

외부의 관객은 내면에 존재하기도 하고, 미래의 자신일 수도 있으며, 스스로 두려움을 느끼거나 잘 보이고 싶은 사람일 수도 있다. 이보다 더 가혹한 경우는 매우 일반적인 관객들에게 모호하고 전혀 도움도 안 되는 평가를 받는다고 느낄 때다.

한 실험에서 캐나다 워털루 대학교의 연구진은 과제를 빨리 끝내야 하는 사람들에게 중요하고 막강한 권력자들의 사진을 보여주었다. 연구진이 사진을 아주 잠깐 보여주는 바람에 참가자들은 사진의 이미지를 정확하게 기억하지 못했다. 참가자 중 일부는 미소 짓는 얼굴의 사진을 보았고, 다른 일부는 못마땅한 표정의 사진을 보았다.

실험 결과는 아주 명백했다. 사진에서 못마땅한 표정을 본 사람들은 웃는 얼굴을 본 사람들보다 반응 시간 테스트에서 부진한 실력을 보였고, 테스트 자체보다 도덕적인 판단에 더 많이 신경 썼다. 잘하고 싶고, 잘 보이고 싶다는 욕망은 승리한 자도 결국 패배하는 상황으로 이끈다. 그리고 잘하고 있다는 느낌 자체가 사라지고 불투명한 승리만이 남는다.

목적보다는 수단 때문에 너무 크게 걱정할 경우 이미 빠른데도 더 빨리 가고 싶어 하는 운동선수는 경기력 향상에 도움을 주는 금지된 약물을 복용하게 된다. 자전거 선수는 대회에서 더 많이 이기고 싶거나, 선두를 차지하는 다른 선수들을 따라잡고 싶어 하면서도 열심히 노력하지 않는다. 대신 오래된 혈액을 신선한 혈액으로 교체하거나, 시간당 더 많은 거리를 가기 위해 자전거 프레임에 마이크로 엔진을 설치한다. 속임수는 외부의 관객들을 걱정하는 데서 시작되며, 바로 이 걱정 때문에 사람들은 현재의 모습을 꾸며내고 속이기까지 하면서 고통스러워한다.

잘해야 하는 것에 집착하면서도 막상 잘한다는 느낌의 가장 중요한 요소를 간과하는 사람들에게서도 이런 현상이 나타난다. 고등학생들은 이런저런 걱정을 하느라 학창 시절의 즐거움을 놓쳐버리기 일쑤다. 여기에는 공부하는 재미도 포함된다. 과제를 즐겁게 하면 과제가 더 쉽게 느껴지고, 계속 공부하는 데 필요한 에너지도 줄어든다. 그래서 더욱 효율적으로 공부를 잘하게 되거나, 더 조화롭고 즐거운 삶을 누리게 된다. 혹은 둘 다를 얻게 되기도 한다.

나우이스트의 사고방식을 가지면 다른 사람들에게 잘 보이기 위해 일할 때보다, 스스로 중요하다고 생각하는 일을 하면서 매 순간을 더욱 즐겁게 보낼 수 있다. 그리고 매사에 깨달음이 생기는 흥미롭고도 놀라운 순간들이 찾아온다. 즐겁게 할 수 있다면 굳이 일을 마다할 이유도 없다. 스스로 중요시하는 목표의 일부에 즐거움을 포함하면 즐거움은 더 이상 일에 방해가 되지 않는다.

삶에서 즐거움을 가치 있는 목표 중 하나로 삼고 조화롭게 추구하지 않으면 노력의 성과를 거둘 수 없고, 깊이 있는 통찰력을 깨우칠 수 없으며, 그 어떤 기회도 얻지 못한다. 이두박근 운동의 전체 동작을 소화하지 않는 사람은 이두박근 운동의 전체 효과를 얻을 수 없으며, 속임수를 써서 승리한 선수는 승리의 온전한 기쁨을 느낄 수 없게 마련이다.

시련은 때때로
성장을 촉진한다

이미 정해진 수단과 목적에 따라 명확한 목표를 이루기 위해 노력할 때 뛰어난 능력을 발휘하는 사람들이 있다. 그런데 이런 사람들은 권위적인 환경과 동떨어진 분위기에서는 능력을 발휘하기 어려울지도 모른다. 스스로 목표를 선택하는 과정에서 자신의 능력을 시험해보지 않았거나, 불확실한 상황에 도전하면서 성장하는 경험을 해보지 않았기 때문이다.

한편 어떤 사람들은 모험 자체를 즐기고, 소수의 타고난 행운아들은 자신을 더욱 강하게 만드는 경험을 순조롭게 극복하면서 성장의 즐거움을 느끼기도 한다. 이런 일부의 경우를 제외한 대다수의 사람들이 어려움에 맞닥뜨려야 발전한다는 사실을 처음 깨닫는 순간 불편을 넘어 두려움까지 느낄 수 있지만 이는 살아가면서 분명 피할 수 없는 부분이다.

사람들마다 스트레스와 트라우마에 대처하는 방식에 현저한 차이가 있다는 사실을 증명하는 연구가 부쩍 늘고 있다. 한 연구팀이 뉴욕에서 일어난 9·11테러 사건 현장에 있었거나, 현장 부근에 있던 사람들을 인터뷰한 결과, 생존자들은 9·11테러 이후 제각기 다른 삶을 살고 다른 경험을 하고 있는 것으로 나타났다.

한 그룹은 9·11테러를 겪기 전에도 스트레스를 아주 많이 받았다. 그러다 사고 후 스트레스는 점점 더 커졌고, 이후로도 오랫동안 그런 상태를 유지해야 했다. 다른 그룹은 9·11테러를 겪기 전까지 별로 스트레스를 많이 받지 않았다. 이 그룹 중 일부에게 고통은 즉시 찾아왔고 아주 서서히 줄어들었다. 반면 어떤 사람들에게는 고통이 즉시 찾아오지 않고 지연 반응을 통해 차차 증가했다. 또 다른 그룹은 많이 고통스러워하지 않다가 서서히 회복되었고, 다섯 번째 그룹은 사고를 겪는 도중이나, 그 후에도 스트레스에 안정적으로 대처해 회복 탄성력을 유지했다.

이 연구 결과에 따르면 고통스러운 사건 앞에서 모든 사람이 같은 반응을 보이지는 않았다. 테러리스트의 공격이나 사랑하는 사람의 죽음, 질병이나 관계 단절 앞에서도 마찬가지였다. 그중 특히 나우이스트들은 자신의 능력, 스트레스를 다루는 방식이나 유연하게 대처하는 전략을 사용하여 앞으로 나아가고 있다. 이들은 불행을 회피하며 억압받는 사람들이 아니라 외부 충격의 잠재적인 트라우마를 감당하거나 우회할 능력이 있는 사람들이다.

9·11테러가 발생하기 10년 이상 전부터 트라우마를 전문적으로 연구하던 트라우마 심리학의 선구자 스테판 조셉은 연구를 통해 놀라운 사실을 발견했다. 그는 가혹한 사건을 겪은 사람들 중 소수만이 다른 사람들보다 유난히 회복 탄력성이 강한 것이 아니라 그중 거의 절반이 강한 회복 탄력성을 보이는 결과에 깜짝 놀랐다. 폭발 사고나 난파, 사랑하는 사람의 죽음이나 깊은 상실감을 경험한 사람들은 그 후 오히려 개인적인 성장을 보인다는 결과가 도출된 것이다.

연구 결과, 트라우마를 겪은 후 성장한 것으로 보고된 사람들 역시 불행과 충격 속에서 한층 더 발전하거나, 발전할 수 있는 여정에 오를 에너지를 얻는다는 사실이 밝혀졌다. 이들은 성장하거나, 성장을 촉진하는 새로운 길로 들어서곤 했다.

회복 탄력성은 대체로 반회복 탄력성보다 더 낫긴 하지만, 회복 탄력성에도 한계가 있다. 트라우마가 생기기 전의 상태로 되돌아갈 수는 있지만, 대신 성장할 수 있는 소중한 기회를 놓쳐버릴지도 모른다. 단 한 걸음도 헛딛지 않고 다시 회복된다면 고통 속에서 유용한 신호를 발견하거나, 발전할 기회가 있다는 교훈을 얻지 못할지도 모른다.

대부분의 사람들은 트라우마를 겪은 후 대체로 긍정적인 변화와 부정적인 변화를 모두 경험하지만, 트라우마를 계기로 더욱 성장하는 사람들도 있다. 개인적인 성장의 변화를 겪을 수도 있고, 철학적인 성장이나 관계의 변화에서 생기는 성장을 경험하는 경우도 있다.

> **끊임없이 앞으로 나아가며 끊임없는 즐거움을 만끽하라.**

시련 후 사람들의 발전 여부를 점검하기 위해 고안된 한 설문조사에서 다음의 세 가지 질문을 통해 트라우마 이후의 성장 양상에 관련된 가치관과 행동 방식을 확인해보았다.

새로운 경험에 대한 마음이 열려 있는가?

항상 무언가 배우려 하는가?

미래를 긍정적으로 생각하며 새로운 가능성을 기대하는가?

나우이스트의 사고방식을 가진 사람들은 위의 세 가지 질문에 모두 긍정적으로 답한다. 나우이스트는 대부분 새로운 경험에 대한 생각이 열려 있고, 항상 무언가 배우려 하며, 미래를 긍정적으로 생각하기 때문이다. 나우이스트는 나아가면서 변화를 추구하며, 뜻밖의 사건과 맞닥뜨려도 상대적으로 더 유리한 입장에 놓일 때가 많다. 사건에 대처하는 데서 끝나지 않고, 변화의 가능성을 모색하기 때문이다. 마치 거미에게 물리거나 방사능을 쬐이면 변신을 하는 만화 주인공들과 흡사하다.

스테판 조셉의 연구에서 얻을 수 있는 중요한 가르침은 성장이 하나의 여정이라는 사실이다. 이 가르침을 설명할 때에도 나우이스트의 사고방식이 큰 도움이 된다. 조셉은 사람이 스트레스를 받으면 어느 정도 성장한다고 주장한다. 스트레스의 파괴력이 사람과 그 사람의 철학, 생활 방식을 예상치 못한 방향으로 변화시키기 때문이다. 이때 나우이스트는 뜻밖의 일을 기대하고 찾아 나선다. 변화하고 싶어 하고, 다시는 되돌릴 수 없는 변화의 경험을 적극적으로 추구한다. 나우이스트는 삶에서 일어나는 변화를 본능적으로 중요하게 생각하고, 있는 그대로 받아들이려 한다. 그리고 삶을 바꾸려는 행동을 취하며, 삶을 바라보는 관점에 생긴 변화를 밖으로 드러낸다.

조셉은 변화를 경험하는 모든 단계를 권장한다. 어떤 사람들은 이런 단계를 밟기 위한 방법을 배워야 하고, '삶에서 스스로 적극적인 행동의 주체'가 되기 위해 고통스러울 만큼 노력을 기울여야 할 수도 있다. 하지만 나우이스트는 언제나 주체적으로 행동하고, 어려움을 극복하며 성장하는 과정을 향해 즐겁고 유쾌하게 나아간다.

불시에 이란에서 투옥 생활을 하게 된 한 국제 구호원 역시 즐겁고 유쾌한 태도로 시련을 이겨냈다. 적막한 감옥에서 28일 동안 어떻게 지냈느냐는 질문에 그는 이렇게 대답했다.

"28일이 다 지날 때까지 날마다 윗몸 일으키기 1,500개와 팔굽혀펴기 400개를 했어요. 전 혼자 이렇게 중얼거렸죠. '아침 식사를 하고 나서 저녁 식사를 할 때까지 아주 오랜 시간 계속 운동을 한다고 생각하는 거야. 그러면 내가 이런 곳에 있다는 생각도 뒷전이 되겠지.'"

그는 벽에 페르시아어로 적혀 있는 글귀도 찾아 읽었다고 한다. '잘 견뎌낼 수 있을 거야', '절대로 포기하지 마,' '여기서 영원히 사는 사람은 없다'와 같은 말들이었다. 희망과 움직임을 떠올리게 하는 이 말은 과거 정치범들이 감방에 혼자 갇혀 있을 때 적은 글귀들이다. 그들 역시 현재의 순간을 자유로워질 미래로 확장하려 노력했던 것이다. 또한 그들은 이 방에 갇혀 격려가 필요해질 다른 사람을 떠올릴 줄도 알았다. 전에 이 감옥에 갇혀 있던 사람들은 마음속으로 감금 상태를 벗어나 마침 내 자유로워질 순간을 꿈꾸었으며, 현재의 순간에 두려움을 뛰어넘는 행동을 하려 애썼다.

그 국제 구호원은 풀려날 때쯤 평범한 사람들이 할 수 있는 수준을 한참 뛰어넘어 무려 윗몸 일으키기 3만 개와 팔굽혀펴기 2만 2,000개를 할 수 있었다. 그리고 여전히 웃고 있었다. 이 국제 구호원 같은 사람은 성장과 모험을 찾아 나선다. 그는 평생 동안 모험을 무릅쓰며 살아왔기 때문에 뜻밖의 충격적인 사건 앞에서도 쉽사리 좌절하지 않았다. 외국에서 느닷없이 감금을 당하는, 절망스럽고 감당하기 어려운 사건이 발생했을 때에도 마찬가지였다. 그의 이러한 행동이 가능했던 것은 모험을 추구하는 나우이스트의 성향이 본능적으로 즐거움을 만들어 냈기 때문이다.

나우이스트의 사고방식을 갖춘 사람들은 얼마나 대단한 성과를 이루어낼 수 있는지 알아보려 자기 자신에게 도전하며, 실패할지라도 모든 경험을 즐겁게 받아들인다. 때로는 성공하지 않았을 때 모든 사건이 더 흥미진진해지고, 더 오래 기억에 남기도 한다.

절망적 순간에도
긍정의 신호를 찾아라

'웃는 자가 승자다'라는 접근법을 바탕으로 어떤 연구진이 '거침없는 생존 정신'이라고 부르는 능력을 개발했다. 이는 극단적인 도전에 직면했을 때에도 키울 수 있는 능력이다. 생명을 위협하는 스트레스를 비롯해, 새로운 스트레스를 마주한 사람들도 신중하게 개발할 수 있다.

'거침없는 생존 정신'이라는 문구는 원래 드래곤 보트 대회에 참가한 암 생존자 팀의 전략 중 하나를 설명하는 데 사용되었다. 이 팀은 암 생존자들에게 사회적 지지와 움직임을 통해 얻는 일종의 정신적, 물리적 이득을 보여주기 위해 만들어졌다. 직접 힘을 사용하면 힘이 더 세진 것 같은 느낌이 들고, 계속 움직이다 보면 더 많이 움직일 수 있다고 생각한다.

드래곤 보트 대회는 2,500년 전 중국 양쯔강 유역의 어촌에서 처음 시작했다. 당시 사람들은 원기를 회복하는 용의 이미지를 형상화해서 보트를 만들었으며, 이 용이 논에서 다시 벼가 자라게 해준다고 믿었다. 현대식 드래곤 보트는 섬유 유리로 만들기는 하지만 변함없이 용의 형상을 하고 있다. 용은 아직도 여러 가지 면에서 성장과 힘을 상징한다. 드래곤 보트 대회에서는 스무 명의 사람들이 함께 노를 젓고, 북을 치는 사람은 심장 박동을 느끼게 하고, 키잡이는 500평방 반경까지 물길을 볼 수 있게 하는 시야를 제공한다.

암 투병을 하는 사람들이 새로운 활동에 참여한다는 것 자체가 암을 통해 새로운 기회를 얻게 되었다는 것을 상징한다. 이 대회의 한 참가자는 "유방암을 앓지 않았더라면 이 팀을 절대 만나지 못했을 것"이라고 말하기도 했다. 암 이후의 삶을 기록하는 용지에는 환자들이 암 발병 전에 겪지 못했던 긍정적인 경험을 입력하는 공간이 있다.

다른 도전과 장애에서도 암 투병에서와 같은 교훈을 발견할 수 있다. 새로운 모험을 경험하고 기념한 후에는 도전이나 장애를 오히려 하나의 신호로 받아들이게 된다. 특히 '어서 시작해보자'라는 사고방식을 보이는 사람들이 있다. 함께 참여한 사람들은 이들을 슈퍼우먼이라고 부르지만, 사실 이들의 사고 방식은 보통 사람들과 조금 다를 뿐이다. 비슷한 스트레스에 직면한 다른 사람들도 이들과 같은 사고방식을 택할 수 있다. 이들이 평범한 사람들과 다른 점 중 하나는 인생을 바꾸는 사건의 에너지를 포용한 다음, 변화시켜 직장과 가정생활에서 점차 성장하게 하는 연료이자 지속적인 움직임을 도모하는 촉매제로 사용한다는 점이다. 변화의 에너지로 좋은 일을 만드는 능력을 개발해보자.

심리학자들은 나우이스트의 사고방식 중 정체나 좌절 상태를 벗어나 비교적 순조롭게 성장으로 나아가는 특성에 대해 연구 중이다. 심리학자들이 나우이스트를 설명하는 이 특성은 중립적인 형태의 수용이 아니라 바로 즐거움이다.

좋은 일이
생길 것을 기대하라

좋은 일이 생길 거라는 기대감을 갖는 것만으로도 좋은 결과에 가까워질 수 있다. 이런 식의 낙관주의는 사람들로 하여금 일상을 더욱 긍정적으로 해석하게 하고, 미래에도 긍정적인 경험을 하게 될 것이라는 희망을 갖게 한다.

좋은 일이 생길 것을 기대하는 운동선수는 시합에서 뛰는 것만으로도 즐거움을 느낀다. 부정적인 생각에 빠져 즐거운 감정을 방해받는 일이 없기 때문에 움직임과 속도감에 푹 빠져 운동하는 것을 더욱 즐긴다. 이런 식으로 운동을 즐기는 것도 물론 좋지만, 나우이스트의 사고방식을 갖춘 운동선수는 움직임을 즐기는 와중에 좋은 일이 더 많이 생길 것을 기대한다는 점에서 다르다. 가령 자신에게 더 흥미로운 변화와 움직임을 통해 미래를 채울 방법을 찾으려 하며, 원하는 목표를 추구하는 과정을 흥미진진한 도전의 일부로 바꾼다.

나우이스트는 삶에서 일어나는 사건들에 스스로 영향을 미칠 수 있다고 생각한다. 나우이스트의 중요한 특성 중 하나는 영향을 미칠 수 있다는 긍정적인 느낌 덕분에 변화가 일어나는 유일한 시공간인 지금 이 순간 변화를 꾀하려 한다는 점이다.

행복하고 의욕적인 사람들은 과거를 후회하고 미래를 두려워하기를 되풀이하거나, 빈틈없이 계획을 세우느라 무기력해지는 대신 당장 행동을 취하며 적극적으로 미래를 바꾼다. 가장 중요한 단 하나의 일에 빠져 시간을 낭비하지도 않는다. 대신 본능적으로 그다음 좋은 일을 찾아서 한다. 그리고 꾸준히 앞으로 나아간다. 행동하면서 생각하고, 생각하는 동안 행동한다. 모든 일이 잘되길 바라면서 전전긍긍하지 않으며, 우선 일을 시작하고 성취하려 노력한다.

캘리포니아 대학교의 심리학자들이 고등학생들을 상대로 과거, 현재, 미래가 각각 얼마나 중요하다고 생각하는지 물어본 실험에서 성취도와 현재-미래의 초점(이 시각에서는 학생들이 과거보다 현재와 미래에 더 많이 초점을 맞춘다) 사이에 명백한 관계가 있다는 사실이 드러났다. 현재-미래의 초점을 활용하는 나우이스트 성향의 학생들은 모든 시간에 똑같이 초점을 맞추는 학생들보다 더 자존감이 높았던 반면, 과거를 되돌아보며 현재 상황과 비교하거나, 과거에 하지 못한 일로 괴로워하는 학생들은 자존감이 훨씬 더 낮았다.

행복을 더 많이 느끼며 성과를 거두는 사람들은 과거와 미래, 현재가 서로 연결되어 있다는 관점에서 생각한다. 또한 좋은 일이 어떻게 일어나는지 이미 경험했기 때문에 스스로 좋은 일이 일어나게 할 수 있다고 믿을 가능성이 더 높다. 그들은 수동적이거나 순진하게 낙천적이기보다는, 타고난 자신감으로 실질적인 변화를 도모하여 미래에 대한 긍정적인 기대감을 키운다. 나우이스트의 이런 자신감은 스스로 한계를 뛰어넘어 적극적으로 시험하는 과정에서 더욱 커진다. 그 과정을 통해 자신만의 힘을 깨달아 장애를 극복하고, 결과적으로 자신감을 더 발전시킨다.

한편 결과가 불투명한 도전이나, 반대 목표를 수반하는 상황, 두렵거나 싫은 일, 일어나지 않았으면 하는 일은 무조건 피하려고 하는 사람들도 있다. 이런 사람들은 불행한 사건이 닥치면 부정적인 감정으로 인해 과거에 갇히고, 조금이라도 상황을 개선하려는 행동을 취하지 못하게 된다. 어떻게 행동해야 하는지 잊어버린 것이 아니라 과거의 감정에 억눌린 나머지 현재에 쏟을 에너지를 잃고, 미래를 생각할 정신적 공간도 남아 있지 않기 때문이다. 이와 같은 부정적인 순환에 빠지면 현재의 감각이 왜곡된다. 부정적인 감각만이 온통 사고를 지배하는 바람에 시야가 차단되어 현재와 미래, 어느 쪽도 제대로 보지 못한다.

부정적으로 사고하는 사람들은 현재의 순간과 있는 그대로의 자신에게 만족하지 못한다. 효율적으로 판단하여 다음 도전을 즐겁게 맞이하거나, 성공할 가능성도 훨씬 낮다. 꼭 해야 할 일을 할 때에는 시간만 질질 끈다. 해야 하는 일은 그럭저럭 잘 해낼지 모르지만, 더 좋은 일이 생기게 할 가능성을 잃어버리고, 행동하고 나아가는 데서 느끼는 즐거움도 놓쳐버린다.

미래에 대해 긍정적으로 생각해야 바람직한 결과를 만들어 내기 위한 구체적인 다음 단계도 더욱 생생하게 상상할 수 있다. 일단 앞으로 나아가거나 도약하기 시작하면 가능한 일(가능한 상황과 사건)에 더 초점을 맞추고, 속도를 늦추거나 멈추게 하는 방해요소에는 신경을 덜 쓰게 된다.

장애물 경주에서 장애물을 뛰어넘는 고통에 초점을 맞추지 말고, 장애물을 즐거움의 일부로 여겨야 한다. 모든 장애물을 걸려 넘어지고 떨어지거나 부상을 입어 수치스럽고 경력까지 끝장나게 하는, 실패를 맛보게 할 위기로 간주해서는 안 된다.

163

나우이스트는 일의 순서를 파악하고, 경주를 시작하기에 앞서 모든 행동을 명확히 인식한다. 이를 위해 경주를 패턴과 단계의 관점에서 바라본다. 먼저 장애물로 가야 하는 일곱 단계를 생각한 다음, 각 장애물 사이의 세 단계에 주목한다. 그리고 행동하면서 생각한다.

나우이스트도 과거를 돌아보기는 하지만 단지 앞으로 더 빨리, 아니면 더 잘 나아가는 데 도움이 되는 통찰력을 얻기 위해서일 뿐이다. 이 말은 주로 과거 행동의 결과를 토대로 미래에 다른 방식으로 할 수 있는 일을 생각해본다는 뜻이다. 그리고 현재의 에너지를 앗아가는 경우에는 과거에 머물지 않는다.

스스로 무기력하고 부정적이라고 생각하는 사람들은 바꿀 수 없는 것에 집착하는 경향이 있다. 직접 바꾸지 못하는 과거의 사건에 얽매이거나, 스스로 통제할 수 없는 다른 사람들의 행동에 지나치게 신경을 쓴다.

생각하기에 따라 같은 능력을 사용해도 커다란 변화가 생길 수 있다. 과거를 다시 돌아볼 수도, 미래를 미리 내다볼 수도 있다. 마음속으로 시간 여행을 떠나 다시 경험하거나 미리 경험할 수도 있다. 다시 느끼는 기분이 매우 생생하다면 과거에 일어난 사건 속에서 다시 사는 것처럼 실제로 몸이 반응하기도 한다. 과거에 경험했던 감정을 그대로 느끼기도 한다. 우리에게는 과거의 감각을 재구성하여 새로 조합한 다음, 미래에 느낄 감정을 만들어내는 능력이 있다.

사건이나 경험을 이루는 세부 정보, 인과관계, 행동과 결과의 순서에 대해 생각하다 보면 감정을 느끼지 않고도 교훈을 얻을 수 있다. 과거에 일어났던 사건에서 어떤 것을 배울 수도 있고, 아니면 가장 좋았던 기억이나 불행했던 기억을 떠올리며 과거에 갇혀버릴 수도 있다.

과거를 회상할 때에는 즐겁게 앞으로 나아가는 데 도움이 된다고 생각하는 기억에 초점을 맞추는 편이 좋다. 꾸준히 나아가기 위해 즐겨 하던 행동은 무엇이었는지, 지금 달리 행동할 수 있다면 그때 어떻게 행동했어야 하는지, 어떤 과거가 의욕을 북돋아주고, 현재에 힘을 실어주는지 생각해보자.

자신을 좋아하고
자기편이 되어주어라

배경 이미지 속의 못마땅한 듯한 얼굴이 일의 속도를 늦추고 이런저런 추측으로 자신을 괴롭히는 것처럼, 자신을 좋게 생각하는 듯한 이미지는 일의 속도를 높인다. 자기를 긍정하는 자존감은 일종의 치어리더 역할을 한다.

자존감은 원래보다 더 잘난 사람인 척 행동하는 것이 아니라 자기의 노력을 인정하고, 실수나 불행 등의 경험을 통해 배우는 과정에서 형성된다. 간단한 말 같지만, 삶 자체와 삶에서 추구하는 가치를 소중하고 유쾌한 것으로 만들기 위해 언제나 자신에게 잘해주고 항상 자기편이라는 확신을 주는 것의 장점은 간과하기 쉬운 것이 사실이다.

사람들이 상해를 입은 후 어떻게 대처하는지 살펴본 어느 연구에서, 끈기 있게 버티면서 비상하고 전진하는 능력이 부정적인 감정을 거부하는 둔감성으로 오인될 수 있다는 결과가 나왔다. 흔히 강한 사람은 슬픔이나 실망감을 드러내지 않는다는 고정관념 탓에 사람들이 슬프거나 화가 나거나 걱정하거나 실망하는 듯한 인상을 주지 않으려 노력한다는 것이다.

한 예로, 부상당한 두 명의 운동선수가 감정을 설명하는 방식이 어떻게 다른지 한번 들여다보자.

"저는 친구들에게 원래 이런저런 이야기를 잘하는 편이고, 이번 부상에 대해서도 별반 다르지 않았어요. 부상을 당해 우울하다는 생각이 들면 친구들에게 가장 먼저 솔직히 이야기하고……."

"운동을 할 때에는 누구든 약한 사람처럼 보이고 싶지 않은 법이죠. 그래서 전 누구와도 깊은 대화를 하지 않습니다. 그냥 혼자 이겨내는 겁니다. 물론 제게 와서 속마음을 털어놓는 사람도 없고요……."

첫 번째 운동선수는 부상에서 회복되는 속도도 빨랐고, 자기 분야에서도 매우 높은 성과를 거두었다. 그는 아무 감정도 느끼지 못하는 척하는 것이 강인한 것이라고 착각하지 않았다. 반면 두 번째 운동선수는 회복되는 속도도 더뎠고, 자기 분야에서의 성과도 부진했다. 감정을 표출할 만한 통로가 부족한 선수들은 부정적인 감정이 점점 쌓여 두 번째 선수처럼 우울과 분노 사이를 오락가락한다는 결과가 보고되었다.

스트레스와 문제가 반드시 나쁜 결과 혹은 좋은 결과로 연결되지는 않는다. 결과가 어떻게 달라지는가는 더도 말고 덜도 말고 어려움과, 어려움을 극복하는 능력 사이의 간극에 달려 있다. 그러므로 기꺼이 이 능력을 확장하거나 발전시킴으로써 스스로의 성장을 더욱 부추기고 난관을 극복할 수 있다.

나우이스트의 사고방식은 행복의 선순환으로 연결된다. 기분을 조절하는 데에도 무척 유용해서 자신에게 친절하게 대하면서도 스트레스 상황 속에서 계속 버틸 수 있게 한다. 실망도 충분히 가치 있는 감정이고, 실패해도 흥미로운 일이 생길 수 있으며, 좌절이 인생이란 여정의 일부란 사실을 깨달을 때 우리는 성장한다.

언제 멈추어야 할지 모르고, 고통도 학습 과정의 일부임을 깨닫지 못할 때 난관은 더욱 고통스럽게 느껴진다. 현재 자신의 처지가 어떻고, 앞으로 어떤 일이 일어날지 명확하게 파악할 수 없는데도 관점을 바꾸지 못한다면 압박감은 가중되기 마련이다.

역경과 실력 사이의 관계를 파악하기 위한 연구의 일환으로 올림픽 금메달리스트들을 인터뷰한 결과, 흥미로운 유형의 가치관이 드러났다. 메달리스트들은 하나같이 실력을 쌓기 위해 역경이 반드시 필요하다고 생각했다. 역경 속에서 어려움을 극복하는 기술을 배워 성장의 동력으로 활용할 수 있기 때문이다. 이 기술은 금메달리스트들의 정신적 자산 목록의 일부가 되어 삶과 훈련, 대회에서 생기는 스트레스를 실력으로 바꿀 수 있게 한다. 어떤 일을 성취하는 데 있어 역경을 피해야 할 대상이 아닌 감수해야 하는 대상으로 받아들인다면 자신이 성취할 수 있는 범주에 대한 시각을 더욱 넓힐 수 있다.

한 금메달리스트가 인터뷰에서 한 발언은 금메달리스트들의 일반적인 태도를 잘 대변한다.

"아테네 올림픽에서 실패하지 않았더라면 베이징 올림픽에서 성공하지 못했을 거예요. 살다 보면 견디기 힘들고, 맞서기 힘든 좌절을 겪게 될 때도 있죠. 하지만 길게 보면 오히려 그때의 좌절이 인생에서 큰 힘이 됩니다. 이제 어떤 시련이 닥치더라도 지나치게 걱정하거나 불안해하지 않을 겁니다."

메달을 따지 못한 선수들 중에는 다양한 종목에 선발된 여러 연령대의 선수들이 있었다. 상대적으로 빠르게 성공한 선수들에게는 한계를 어떻게 극복해야 하는지 미처 배우지 못했다는 단점이 있었다. 이 선수들은 초반에 상대적으로 빠르고 쉽게 성공을 거둔 것처럼 보이는 반면, 자신의 한계나 한계를 어떻게 극복해야 하는지에 대해서는 미처 배울 기회가 없었다.

언제나 정상의 자리에 있고 가장 유명하지만, 많은 이들이 원하는 자리에 오르기 위해 동료들이 안전하고 옳다고 생각하는 기준은 무엇이든 만족시키려 줄기차게 노력하는 사람들도 있다. 이들의 문제는 시키는 대로만 하는 데 너무 길들여져서 오히려 정말로 성취하고 싶은 일이나 정말로 원하는 삶, 하고 싶은 일에 대해서는 일찌감치 한계를 수용하는 법을 배운다는 데 있다. 결국 즐거움보다는 성공이 지배하는 삶을 살아가는 것이다.

강한 압박에 맞서기는 쉽지 않지만, 가혹한 상황 속에서 우아하게 대처하는 능력을 키울 수 있다는 장점이 있다. 이런 장점을 잘 활용하면 어려운 상황 속에서 발전하고 성장하는 즐거움을 누릴 수 있다. 마치 액션 영화를 볼 때와 같다. 주인공을 응원하고, 주인공이 유리 위를 맨발로 걸을 때의 고통을 함께 하고, 흡착 패드를 이용해서 고층건물을 올라갈 때 같이 흥분하고, 끝도 없는 깡패 행렬과 맞서 싸울 때의 편안하고 부드러운 움직임도 함께 느낀다.

액션 영화의 주인공이 아래로 떨어지거나, 넘어지는 장면은 이야기 전개상 더 많은 모험을 만들어내기 위해 존재하는 것이다. 그런데 우리의 현실도 액션 영화와 다를 바 없다. 장애물에 맞서 싸우는 과정에서 행복을 느끼며 자신과, 자신의 현재 상황에 대한 가능성을 더욱 키우고 확장해야 한다.

변화를 갈망하는 나우이스트는 미래를 향해 한 걸음 더 내딛으려 한다. 더욱 적극적으로 단호하게 행동하라는 인생의 교훈을 받아들인다면 결정을 내리고 행동을 취하기도 쉬워진다. 주변의 중요한 사람들, 이를테면 부모님이나 선생님, 친구들, 동료와 매니저의 도움을 받아도 좋다. 또한 자기 자신에게서도 도움을 받을 수 있다. 자신이 하는 일을 잘 판단하고, 멈추거나 더 움직이라고 자신에게 이야기할 수도 있다.

스트레스를
성장의 기회로 삼아라

움직임이 자연스러워지면 마음도 편안해진다. 스트레스나 역경에 대한 직관적인 반응이 행동, 성장, 행복, 심지어 즐거움으로 바뀌기도 한다. 이를 시험하기 위해 사람들에게 다양한 스트레스 상황, 복잡하거나 서로 상충되기도 하는 과제를 짧은 시간에 마치게 하고서 부정적, 중립적, 긍정적 단어 목록을 보여주었다. 사람들은 부정적인 단어를 볼 때마다 긍정적인 반응을 보이도록 요청받았다. 그러자 나우이스트의 사고방식을 가진 사람들은 스트레스가 심한 상황에서도 훨씬 더 빨리 긍정적인 반응을 보인다는 결과가 나왔다. 실제로 대처 능력도 높아 다른 사람들보다 더 유리한 위치를 점하게 되었다.

또한 나우이스트들은 화난 표정의 사람들로 가득 찬 인파 속에서 행복한 표정의 사람들을 더욱 빨리 찾아냈다. 놀랍게도 나우이스트들은 화난 표정의 사람들을 본 후 자기도 모르는 새 무척 빨리 기분이 나아져서 무엇을 보았는지 기억하지도 못했다. 이처럼 나우이스트들의 빠른 자동적 사고는 순식간에 부정적인 사건에 긍정적인 사고방식을 접목하게 한다.

나우이스트는 부정적인 상황에 맞닥뜨릴 때 즉시 행동을 취해야 할 필요성을 느낀다. 특히 시간이 아주 부족하고 스트레스가 무척 심한 상황을 빠르게 인지한다. 그 이유는, 나우이스트에게는 극심한 스트레스가 오히려 더 흥미롭고, 더 많은 흥분과 행복을 불러일으키기 때문이다.

흔히 스트레스가 매우 심한 상황에서는 의기소침해지고 무기력해지며 우울해지기 쉽다. 물론 부담과 스트레스는 피해야 마땅하지만, 모든 어려움을 전부 다 피하려 하다 보면 성장할 기회도 사라진다. 자신을 불편하게 하는 상황에서 자꾸 물러서기만 한다면 이에 대처할 능력도 점점 더 약해질 것이다. 그러다 보면 불편한 상황을 뛰어넘을 진정한 능력을 영영 갖지 못하고 만다. 그런 때일수록 나우이스트의 접근방식을 취하고, 나우이스트와 같은 능력을 개발하라. 조금씩 더 어려운 상황에 맞서고, 그러한 상황을 성장의 기회로 받아들여라. 도전 과제가 못마땅하다고, 장애물을 극복하기 어렵다고만 생각하기보다 반갑지 않더라도 반드시 필요한 성장의 계기라고 생각하라. 해볼 만한 가치가 있는 일은 대체로 즐길 만한 가치도 있는 법이다. 그 일의 단 일부라도 즐길 만하다.

변화에서 즐거움을 찾고, 행동하는 데서 기쁨을 발견하면 아무 쓸모도 없는 스트레스의 악순환에서 벗어나게 된다. 다른 사람들의 실제 혹은 가상의 기대를 충족하는 것이나, 자꾸 높아져서 맞춘다고 해도 즐겁기는커녕 실망하지 않는 데 그칠 뿐인 자신의 기대치에서도 해방된다.

한 예로, 지나치게 자기비판 성향이 강한 사람들을 대상으로 한 실험 결과를 살펴보자. 실험에 참여한 사람들은 3주 동안 마음 챙김(어떤 대상에 주의를 집중해 있는 그대로 관찰하는 것) 명상 훈련을 받거나 기쁨, 희망, 긍지, 평온, 재미와 같은 긍정적인 감정을 연습했다. 한 달 후 두 그룹은 모두 우울증 증세가 약화되었는데, 이 중 긍정적인 감정을 연습한 사람들만이 삶에 대한 만족도가 더 높아졌다. 실험을 통해 적극적으로 다양한 범위의 감정을 경험한 사람들은 삶의 의미, 즐거움, 삶에 대한 참여도 측면에서 삶의 질이 더 높아졌다고 느꼈다.

이는 놀라운 결과다. 연구진은 자신에게 비판적인 사람들이 마음 챙김에 더욱 뚜렷한 반응을 보일 것으로 예측했지만, 연구 결과에 따르면 어떤 사람들은 적극적인 경험을 통해 앞으로 나아갈 가능성이 더욱 높은 것으로 밝혀졌기 때문이다. 나우이스트의 사고방식은 계속 상승하는 성장의 선순환 속에서 더 멀리 나아가게끔 한다.

제6장

하나에 과도하게
집중하지 마라

　　나우이스트는 삶의 다양한 가능성을 수용하고, 한 가지 일에 지나치게 몰입하는 것을 거부한다. 항상 두 가지 이상의 우선순위를 생각하고, 두 가지 이상의 커다란 아이디어나 프로젝트, 직업, 여가활동에 열정을 보인다. 현재의 여러 흐름 사이를 오가므로 큰 부담 없이 기억할 수 있고, 전략적으로 여러 행위의 흐름 사이를 오갈 수도 있다.

현재의 행동을
미래와 연결시켜라

지금까지 자신의 발전과 변화에 어떤 접근방식을 취하느냐에 따라 저마다 얼마나 다르게 생각하고, 느끼고, 행동하는지 살펴보았다. 남들보다 더 빨리 판단하면서도 더 좋은 결과를 낳는 기능적 충동성에 대해서도 알아보았다. 꾸준히 앞으로 나아가게 하는 욕망인 이동 성향에 대해서도 점검했다. 나우이스트의 사고방식을 가지면 기능적 충동성과 이동 성향이 결합하여, 편안한 행동과 판단에 따라 매끄럽고 유연하게 일을 할 수 있다는 것도 확인했다. 그렇다면 이제부터는 나우이스트가 어떻게 시간을 사용하며 살아가고, 또 시간에 대해 어떻게 생각하는지 살펴보도록 하자.

시간은 누구에게나 똑같이 주어진다. 하지만 그 시간을 활용하고 경험하는 방법은 사람에 따라 매우 다르다. 어떤 사람은 시간을 더 내고, 어떤 사람은 시간 앞에 무너진다. 마음먹기에 따라 시간을 늘릴 수도 있고, 낭비하거나 투자할 수도 있다. 몇 분이 몇 시간처럼 느껴지기도 하고, 몇 달이 며칠처럼 흘러갈 때도 있다. 시간을 멈추게 할 수도 있다. 아니, 정확히 말하면 시간이 멈춘 것처럼 느낄 수도 있다.

시간을 바라보는 관점은 사람마다 각기 다르다. 어떤 이들은 과거에 주로 초점을 맞추는 한편, 어떤 이들은 현재에 관심을 쏟는다. 미래에 가장 관심이 많은 사람들도 있다. 그런데 대부분의 사람들이 과거의 행동으로 현재의 상황을 만들고, 현재의 행동으로 미래를 형성하고 창조하는 것 사이에 뚜렷한 관계가 있다는 사실을 알지 못한다. 그래서 현재의 시간이 갖는 힘에서 단절되고 분리되어 그 힘을 제대로 활용하지 못한다.

시간과 행동 사이에 관계가 있다는 사실을 알긴 하지만, 실제로 일어난 일과 일어나기를 바랐던 일의 간극에 사로잡혀 격정하고 후회하는 사람들도 있다. 이런 사람들은 미래에 대해 생각할 때도 같은 실수를 한다. 현재의 행동과 미래의 일 사이에 어떤 연관이 있다는 사실은 알지만, 실제로 관계를 형성하는 것은 너무 어렵거나 상상하기조차 어렵게 느낀다. 이 지점에서 수동적인 태도로 치닫는 순환이 시작되며, 이런 태도는 다음과 같은 평범한 생각에서 발견된다.

'왜 이렇게 됐는지 정말 모르겠어.
어떻게 해야 할지 전혀 감이 안 와.'

한편 나우이스트는 시간과 행동 사이의 올바른 관계와, 올바른 관계를 만들어낼 수 있는 경로를 파악한다. 이러한 관계와 경로를 파악하면 지금 현재 자신감과 신뢰감을 느끼는 데 도움이 되고, 자신감과 신뢰감은 사람을 발전시킨다.

'나는 좋은 일이 생기게 할 수 있어.
나의 행동으로 더 좋은 미래를 만들 수 있어.'

과거의 긍정적인 감정을 기억하면 현재 긍정적인 행동을 취할 만한 단서를 발견할 수 있다. 과거를 돌아봐야 하는 이유는 더욱더 전진하라고 스스로를 응원하거나, 본인이 중요하게 생각하는 목표와 그 목표를 효율적으로 달성하는 방법을 이해하는 데 도움이 될 만한 것을 찾기 위해서다. 정상급 운동선수들은 이런 감각에 의존하여 최고의 수준에서 경쟁한다.

예를 들어 스키 선수들이 다종목 대회에서 경쟁한다고 생각해보자. 엘리트 수준의 스키 선수들은 저마다 성공하기 위한 기술, 능력, 신체적 특성을 보유하고 있다. 선수들 간의 차이는 각 종목이나 코스에 적응하는 능력, 그리고 특히 목표에 맞게 행동을 조절하는 능력에 있다.

울퉁불퉁한 급경사면을 미끄러져 내려가는 모굴 스키mogul ski 선수들은 통과하기 힘든 작은 둔덕이 많은 만큼 어느 정도 속도가 필요한 고난도 동작과 회전해야 하는 대부분의 지점에서 점수를 얻는다. 눈 위에서 미끄러지거나 부딪히지 않도록 적극적이면서도 절제된 기술을 사용하는 것이 포인트다. 반면 산이나 언덕 꼭대기에 올라간 후 비탈길을 따라 내려오면서 활강하는 다운힐 스키downhill ski 선수들은 카빙턴(스키의 모서리를 이용한 날카로운 회전)을 해야 빠른 속도를 내면서도 통제력을 유지할 수 있다. 스피드 스키에서는 코스 전반부에 가속도를 내야 하는 직선 활강이 중요하고, 이후 중반 100미터에서는 누가 더 빠른지 보기 위해 시간을 맞추어야 하며, 마지막 400미터에서는 공간이 부족해지기 전에 속도를 늦추는 기술이 중요하다. 이처럼 각 종목에는 나름대로의 타이밍과 방식이 있다.

스노보드에서는 속도 혹은 고난도 기술 중 어느 종목으로 경쟁하든 특정 기술과 점프가 필요하다. 스노보드의 주요 목표는 새로운 한계를 달성하고, 새로운 가능성을 발견하는 데 있다. 스노보드 선수들은 한계를 넘어 밀어붙이는 전율과 흥분을 사랑하며, 자유의 신봉자들과 유사한 집단에 속해 있다는 기쁨을 누린다.

대부분의 사람들, 특히 선구자들은 스노보드와 같은 대상 자체에 깊이 빠져들며, 자신이 선택한 분야에 대한 열정과 그 분야를 향해 나아가겠다는 욕구에 따라 행동한다. 스노보드 선수 숀 화이트가 어떻게 미국 동계 스포츠의 주역이 되었는지 생각해보자.

숀이 여섯 살 때 그의 어머니는 지나치게 활동적인 아들이 차분하게 더 많은 에너지를 발산하기를 바라며 형과 함께 스노보드를 타러 가게 했다. 그의 어머니는 "형을 보고 그냥 따라해"라고 말했지만, 숀은 그날 저녁 때쯤 이미 일곱 살인 형보다 더 뛰어난 실력을 보였다. 그의 어머니는 숀을 차분하게 만들기 위한 또 다른 노력으로 "그럼 넌 뒤로 가면서 타봐"라고 말했지만 숀은 금세 리버스 보딩reverse boarding을 정복했고, 결국 이 기술로 수많은 메달을 따게 되었다.

물론 숀은 눈 위에서의 감각을 타고나기도 했지만, 우리가 특히 더 기억해야 할 점은 그에게 움직임과 발견에 대한 끝없는 열정이 있었다는 것이다. 그리고 이 열정은 숀 화이트와 같은 나우이스트가 여러 행동의 흐름 속에서 더욱 발전시킨다.

삶이나 일 등 다른 방면에도 슌과 같은 사례를 접목할 수 있다. 어떤 대상에 즐거움을 느끼며 발전하는 사람들은 미래를 명확하게 파악하고, 현재의 행동을 미래와 연결한다. 그리고 열정에 힘입어 행동의 흐름을 구축한다.

미래의 모습을
구체적으로 시각화하라

미래에 생기길 바라는 목표를 중심으로 현재의 행동을 바꾸는 능력은 아동기부터 성년기에 걸쳐 발달하는 일종의 행동 지향적인 정신 시간 여행이다. 사람들은 성인이 될 때까지 매일 미래에 대해 약 60가지 정도의 생각 혹은 약 한 시간 정도의 생각을 한다. 사람들이 미래에 대해 어떤 생각을 하는지 측정한 어느 연구에서 우리가 반쯤은 특정한 미래의 사건에 관심이 있고, 반쯤은 미래에 대한 일반적인 생각을 한다는 사실을 알아냈다.

우리는 먼 미래에 대해서는 비교적 적게 생각하고, 약 30퍼센트 정도는 그날 일어날 일에 대해, 또 다른 30퍼센트는 다음

주에 일어날 사건에 대해 생각한다. 다음 달의 사건에 대한 생각은 20퍼센트 이내로 급격히 감소하고, 일 년 후에 일어날 일에 대한 생각은 고작 12퍼센트 정도로 줄어든다. 10년 후의 사건에 초점을 맞출 비율은 6퍼센트도 되지 않는다.

> **미래의 자아와 친구가 되면 현재의 행동과 미래의 목표에 모두 도움이 된다.**

　사람들은 미래에 대해 부정적인 생각보다 긍정적인 생각을 더 많이 하고, 더 먼 미래에 대한 생각이 훨씬 더 중요하다고 생각하는 경향이 있다. 그 밖에 관계, 중요한 목표, 앞으로 자기 인생은 어떻게 될까에 대해서도 생각한다. 이는 매우 중요한 질문들이다.

　미래에 대한 어떤 생각에서는 우리가 앞으로 어떤 감정을 기대하는지가 중요하고, 또 어떤 생각에서는 미래가 현재 우리의 감정을 어떻게 바꾸는지가 중요하다. 이와 관련된 생각을 하루에 열 번도 채 안 할 수도 있지만, 이는 우리의 미래에 상당한 영향을 미친다.

　한 심리학자 팀이 사람들에게 미래를 생각하며 떠오르는 감정을 꾸준히 기록해보라고 하자, 사람들이 미래에 가장 많이 느끼고 싶어 하는 감정은 즐거움이나 열정이라는 결과가 나왔다. 또한 사람들은 대체로 막상 미래가 되었을 때 두려움을 느끼는 것보다 미래에 대해 생각할 때 더 많이 두려워하는 경향을 보였다. 미래에 대해 생각할 때 너무 광범위해서 부정적인 상상들로 자신을 두려움에 빠지게 하는 것이었다. 이렇듯 정체 불명의 두려움에 빠지면 미래에 도움이 될 만한 행동을 전혀 할 수 없다.

무엇보다 미래의 모습을 구체적으로 시각화하는 것이 중요 하다. 미래를 더 잘 이해하고 현재와 같이 더욱 생생하게 느낄수 록, 무엇을 어떻게 해야 미래에 성공할지 더욱 쉽게 상상할 수 있다. 그래야 현재 어떤 행동을 취해 미래를 준비할 수도 있다.

미래의 자신과 친하게 지내는 사람들은 현재의 행동을 현재 와 미래 모두에 도움이 되게끔 만든다. 현재의 자신과 미래의 자신이 조화를 이룰수록 직관적 추론에 따라 자신이 중요하다 고 생각하고, 추구할 가치가 있다고 믿는 선택을 할 수 있다.

미래의 자신이 행동하는 장면을 아주 선명하게 떠올려보면 오늘 자신이 취할 행동에 있어 그 상상이 왜 중요한지 짐작하 게 된다. 피상적인 날짜나 계획된 일보다 미래의 더 깊은 본질 을 이해하기 때문에 자신감도 더 커진다. 미래의 자아 관점에 서 중요하게 생각하는 목표가 무엇이든 그 목표를 실현하기 위 한 더 훌륭한 계획을 세우는 데에도 도움이 된다. 또한 미래를 생생하게 느끼며 날마다 일상에 어떻게 대처해야 하는지 알고 있기 때문에 자신이 모르는 것이나, 싫어하는 것 앞에서도 위축되지 않는다.

가까운 미래에 어떤 행동을 하는 자신의 모습을 상상할 때 주체적인 일인칭 관점으로 생각해보자. 그러면 상상을 하는 현재의 자신이 미래의 자신과 같은 사람이라고 느끼게 된다. 그리고 다음과 같이 말하게 된다.

"오후에 쇼핑을 하고 있어."
"오늘 오후에 친구를 만나고 있어."
"내일은 프로젝트를 진행하고 있어."

먼 미래에 대해 상상할 때에는 좀 더 객관적인 관점에서 자신을 생각하게 될 가능성이 높다. 미래에 어떤 행동을 하는 자신을 지금의 자신과 거의 동떨어진 인물로 바라볼 수 있다. 미래의 자신을 명확히 알아보지 못하기도 한다. 그러므로 다음과 같이 생각한다.

"몇 년 후에는 달라지겠지."
"여름은 덥겠네."
"나이가 들면 달라질 거야."

잠시나마 미래로 여행을 해볼 때의 장점은 미래를 미리 느끼고 내다볼 수 있다는 것이다. 그러면 미래를 계획하고 선택하고 준비할 기회가 생긴다. 좀 더 먼 미래로 넘어가면, 미래로부터 거슬러 올라가 좀 더 긴 안목으로 연속적인 행동을 취하기 위해 노력하고 더욱 바람직한 결과를 도출할 수 있다. 어떤 목표는 일정한 행동을 수 년, 수십 년 이상 반복하고 결합해야만 성취하고 그 의미를 찾을 수 있기 때문이다. 이런 순간에 현재가 갖는 힘에서 자기 모순적인 긴장감이 감돈다. 현재의 한 순간이 현재의 다른 순간과 결합하여 더 많은 힘을 발휘하기 때문이다. 이로써 현재의 행동을 즐기는 동시에, 미래로 나아가는 행동을 취할 수 있다.

나우이스트는 계획 세우기를 좋아해서가 아니라 그래야 꾸준히 나아갈 수 있기 때문에 계획을 세운다. 계획을 바탕으로 부단히 성과를 즐기면서, 여러 업무를 병행하고 흐름을 건너뛰며 행동을 결합할 기회를 늘리고 여러 가지 혜택을 거둔다.

나우이스트는 좋은 기록을 세우기 위한 나우이스트의 법칙에 따라 살아가면서 성공할 기회를 더 많이 만든다. 수없이 시도를 거듭하기 때문에 실패해도 대수롭지 않게 생각하며, 어떻게 대처해야 할지도 잘 안다. 여러 가지 흐름을 이해하고 행동을 하기 때문에 일이 잘 풀리지 않을 때도 그러려니 하고 생각하고,

마침내 일이 잘 풀렸을 때의 즐거움도 기꺼이 받아들인다.

미래의 자아가 현재 긍정적인 행동을 취하도록 스스로 동기 부여를 하기 위해서는 몇 가지 조건이 필요하다. 우선 자신이 원하는 미래의 자아가 될 수 있다고 확실히 믿어야 한다. 미래의 자아를 상상하기가 얼마나 쉬운지, 원하는 미래를 달성하는 데 있어 자신이 얼마나 통제력이 있다고 느끼는지에 따라 결과는 달라진다. 이를 실험하기 위해 한 심리학자 팀은 사람들에게 가장 원하는 미래의 자아와 가장 두려워하는 미래의 자아의 특징에 대해 질문을 던졌다. 그 결과, 사람들은 성공, 다정함, 배려, 강건함, 행복, 차분함, 매력적, 정직과 사교성 등의 특성을 원했다. 그리고 평범함, 거만함, 고독, 실직, 무주택 상태, 스트레스 등의 특성을 두려워했다.

다음으로 사람들에게 자신이 가장 두려워하는 미래의 자아와 가장 원하는 미래의 자아에 대해 글을 써보라고 요청했다. 그 결과, 미래의 자아를 빨리 떠올리고, 쉽게 상상하며, 미래의 상황을 통제할 수 있다고 느낄수록 현재의 행동에 동기를 부여할 가능성이 훨씬 더 높았다.

자신이 되고 싶어 하는 미래의 자아를 내다보는 데 있어 가장 큰 변수는 어떤 일을 성공한다고 생각하느냐, 실패한다고 생각하느냐에 달려 있다. 위의 연구에 참여한 사람들에게 특정 상황에서는 대부분 실패하게 마련이라고 하자, 자신이 원하지 않는 상황을 떠올리며 행동을 취할 가능성이 높았다. 반대로 특정 상황에서는 성공하는 경우가 많다고 알려주자, 자신이 원하는 상황에 대해 생각하면서 행동을 취할 가능성이 더 높았다.

성공할 수 있다고 믿으면 실패할지도 모르는 상황보다 자신이 원하는 상황에 대해 더 많이 생각하게 된다. 나우이스트의 사고방식을 따르면 원하는 대상에 초점을 맞추게 되므로 좋은 일이 생기게 만드는 방법을 찾을 수 있고, 저절로 의욕이 생겨 행동을 취하고 더욱 현명하게 일할 수 있다.

일어날 가능성이 높다고 생각하는 상황의 여러 동기들 사이를 유연하게 오고 가는 태도가 중요하다. 그러다 충분히 나아갔다고 생각되는 시점에 손해와 실패를 피하는 방향으로 전환하라. 그리고 자신의 움직임으로 성공할 가능성이 더 높아진다면 이익에 더 집중하는 방향으로 다시 전환하라.

미래를 내 손으로
바꿔라

미래의 자아가, 현재의 자신이 긍정적인 행동을 하도록 돕기 위해서는 몇 가지 조건이 필요하다. 우선 자신이 원하는 미래의 자아가 실현 가능하다고 믿어야 한다. 그리고 자연스럽게 미래의 자아를 상상하고, 원하는 미래를 달성하는 데 직접적인 영향을 미칠 수 있다고 생각해야 한다.

MIT 미디어랩의 소장 이토 조이치는 규모 9.0의 지진이 일본을 강타했을 때 구체적인 상황이 어떤지 궁금증을 느낀 즉시 행동에 돌입했다. 지진해일로 원자로가 폭발했을 당시 그는 가족이 그곳에 있던 터라 방사능 수치에 대한 정보를 얻고 싶었지만, 아무런 뉴스 자료도 나오지 않았고 공개된 자료 중 활용할 만한 데이터도 찾을 수 없었다. 이때 이토 조이치는 직관적으로 필요하다고 생각하는 일을 했다. 충격적인 소식과 더 많은 정보를 얻고 싶어 하는 자신의 욕망을 '전진 운동'으로 전환했던 것이다. 그는 충격으로 생긴 에너지를 발판 삼아 행동에 착수했다. 충격 때문에 망연자실하고, 어떤 적극적인 대처도 하지 못하거나, 이롭지 않은 방향으로 빠질 수도 있었지만 그의 경우는 달랐다.

그는 좌절하는 대신 인터넷으로 뛰어들어 자신과 비슷한 생각을 하는 사람들과 함께 방사능을 측정하는 시스템을 구축하기 시작했다. 그로부터 3년 후 전 세계적인 규모의 커뮤니티가 탄생했고, 커뮤니티 사람들은 방사능 수치를 측정한 다음, 웹사이트에 올려 누구나 쉽게 찾아볼 수 있도록 했다.

이토 조이치는 점점 더 복잡해져가는 이 세상에서 오히려 문제를 단순하게 처리하는 방식이야말로 가장 효과적이라고 주장한다. 그는 모든 계획을 다 세우고, 모든 자료를 다 구비하여 만반의 준비를 갖추고 있어야 한다는 강박관념에서 자유로워져야 한다고 말한다. 그는 나우이스트들이 바로 이런 태도를 갖추어야 한다고 믿었다.

나우이스트는 무모하게 모험을 감수하거나, 어떤 결과가 나올지도 모르는데 성급하게 뛰어들지 않는다. 대신 생각할 여지를 마련하고, 망설임 없이 적극적으로 첫걸음을 내딛는다. 항상 배우려 노력하고, 끊임없이 상황을 주시하며 현재에 관한 한 전문가가 되어야 한다.

이토 조이치가 처음으로 취한 행동은 더욱 넓은 커뮤니티의 사람들에게 접근하여 방식의 한계를 극복하는 일이었다. 그리고 이 커뮤니티를 활용하여 지식과 지지를 확보하고, 자신의 목표와 커뮤니티의 다른 사람들 모두가 원하는 목표를 향해 힘을 합쳐 노력했다. 나우이스트는 그가 처음 취한 행동과 같이 공간을 창조하고 에너지를 발전시키는 방법을 찾아 나선다.

현재 중요한 것
딱 3가지를 찾아라

현대 사회의 발전 속도를 따라가기 위해서는 한 번에 한 가지 생각만 하는 것으로는 부족하다. 나우이스트는 한 단계 더 도약하며, 도전하고 즐길 수 있는 일은 언제나 차고 넘친다는 사실을 받아들인다. 이때 여러 가지 일들 사이를 오가는 능력을 키우면 일하는 방식이나 행복 면에서 성공할 가능성이 더욱 높아진다.

우리가 언제나 모든 것을 기억할 수는 없으므로 다양한 관심사와 행동, 열정과 목표 사이를 편안하게 오가기 위해서는 여러 가지를 더욱 쉽게 기억하도록 만들어주는 지침이 필요하다. 나우이스트는 그들이 중요하게 생각하는 가치관을 따르며 하고 있는 일에서 편안한 행동을 취하기 위해 전력적인 관점을 견지한다.

나우이스트처럼 생각하기 위해서는 먼저 현재 자신에게 가장 중요하다고 생각하는 것 세 가지를 찾는 것이 효과적이다. 반드시 세 가지일 필요는 없지만, 우리 기억의 자연적인 한계를 고려해 신중하게 3이라는 숫자를 선택했다.

대부분의 사람들은 한 번에 딱 세 가지(어떤 개념, 어떤 사건 혹은 사물이든)를 기억하는데 세 가지를 유지하는 것이 합리적이다. 그리고 하나당 최대 세 개까지의 적극적인 목표나 행동을 찾아보자. 모든 내용을 항상 기억하지는 못하고, 우선순위와 상황이 바뀌기도 하므로 때에 따라 조정할 필요도 있다. 하지만 이는 앞으로 나아가는 동안 중요하게 생각하는 대상을 항상 머릿속에 유념하기 위한 지침이 될 것이다.

내 아들에게 이 내용을 설명하고 종이를 건네자, 각 항목을 자신에게 가장 중요한 것들로 채웠다. 첫 번째로는 집과 가족을, 두 번째로는 학교와 공부를 선택했다. 그리고 세 번째는 친구들과 재미있는 활동에 대한 것이라고 설명했다. 아들은 열 살짜리 아이도 이해할 수 있으니 아빠의 책을 읽는 사람들은 누구나 활용할 수 있을 거라며 자신이 쓴 내용을 꼭 소개해달라고 졸랐다.

시간과 일에 대한 나우이스트의 접근방식이 항상 모든 것을 완벽히 기억하게 해주는 것은 아니다. 이 접근방식의 강점은 삶을 여러 가지 행동의 흐름으로 파악하여 발전적인 결과를 도출한다는 데 있다. 물론 여전히 목표를 성취하기 위해서는 주도면밀하게 행동을 계획해야 하지만, 현재의 중요한 흐름을 파악함으로써 진정으로 자신에게 중요한 목표에 부합하는 계획을 세울 가능성이 높아진다. 또한 자신이 사랑하는 대상을 항상 기억하게 되어 동기를 부여하는 대상을 향해 나아가게 한다. 자신이 가장 사랑하거나 필요하다고 생각하는 대상과 조화를 이루지 않는 것들은 자연스레 멀리하게 된다. 뿐만 아니라 수동적으로 다른 사람들에게 의존하기보다 전적으로 자신의 행동에 따라 행복과 성취를 추구하는 쪽을 선택하게 된다. 스스로 통제하거나 영향을 미칠 수 없는 사건에 의존하기보다는 크든 작든, 현재의 어떤 목적이나 꿈을 향해 노력하게 된다.

어떤 꿈은 너무 원대해서 감히 이루지 못할 것 같아 보일 수도 있는데, 그럴 때에는 그 꿈을 더욱 현실적으로 만들기 위한 행동으로 쪼개어 생각하면 된다. 그러면 구체적인 행동을 통해 꿈을 실현시키는 상황으로 나아갈 수 있다. 가령 영화감독이 되고 싶다면 영화 산업에 종사하는 사람들과 같은 공간에 속할 방법을 연구해보라. 대학에 갈 수도 있고, 온라인 동영상을 만드는 방법도 있다. 연예 산업의 한 분야에서 일하는 것도 좋다. 네트워크를 동원하여 도움이 될 만한 친구의 회사를 알아보는 것도 좋은 방법이다.

평생 동안 많은 친구, 가족과 함께 어울리고 싶고, 혼자 있거나 친구가 없는 상태로 지내고 싶지 않은 사람에게도 같은 원칙이 적용된다. 누군가를 사랑하는 일에 노력을 기울이고, 오랜 시간에 걸쳐 자신에게 중요한 것이 무엇인지 파악하라. 일인칭 화자로서의 자신과 현실적인 미래의 자아를 상상해보라. 미래의 자아가 느끼는 감정을 그대로 느껴보라. 미래의 자아가 생각하는 대로 생각하라. 그런 다음 미래의 자아와 친구가 되어 생긴 지혜로, 현재를 기점으로 다시 노력해보는 것이다.

실제로 좋은 결과를 거두고, 삶에서 기쁨을 발견하는 사람들에게는 많은 공통점이 있다. 성공을 거두고 행복하게 사는 사람들은 결코 계획을 세운 적이 없다고 말하지만, 사실 그들은 계획을 세우는 것을 성공하기 위한 노력의 일부로 삼고 있다. 성공을 거둔 행복한 사람들은 단 한 가지 우선순위에 초점을 맞추었다고 말하지만, 실제로는 여러 가지 우선순위를 효율적으로 병행하고 있다.

현재 중요하게 생각하는 것 세 가지를 찾아 유연하게 행동하면 누구라도 여러 우선순위 사이에서 편안하게 움직일 수 있다. 무척 소중하고 다시는 돌아오지 않을 시간이기에 가족들과 행복한 시간을 보낼 수 있다. 삶은 즐겨야 하는 것이기에 해변에서 보내는 시간이나, 춤을 추거나 책을 읽는 시간에도 행복을 느낄 수 있다. 앞날을 준비해야 하기에 일에 투자하는 시간 역시 소중하다. 예를 들어 나우이스트는 공부를 할 때 더욱 기분이 좋아진다. 유익한 시간을 보내고 있고, 앞으로 나아간다는 생각이 들기 때문이다.

삶을, 행동의 흐름을 창조적으로 연결하는 작업이라고 생각하면 달갑지 않은 충격이나 사소한 좌절도 한결 수월하게 받아들일 수 있다. 원래 계획한 방법으로 성공을 거두지 못하더라도 다른 행동의 흐름으로 넘어가거나, 방법이나 수단을 바꾸어 전혀 다른 결과를 얻을 수 있기 때문이다. 이미 더 좋은 대안을 모색 중이기 때문에 대안을 찾을 가능성도 높아진다.

BMX 챔피언 커트 예거의 경우를 생각해보자. 캘리포니아 출신의 커트 예거는 사고가 일어날 당시 프로 BMX 선수이자, 파트타임 배우였으며, 박사 과정을 밟고 있는 학생이었다. 오토바이를 타고 가던 그는 자동차를 피하기 위해 방향을 틀다가 금속 기둥에 충돌하고 말았는데, 이 사고로 등과 골반 뼈가 부러지고 왼쪽 다리가 심하게 부상을 입는 바람에 무릎 아래쪽부터 다리를 절단해야 했다.

사고 후 그는 자살하려는 마음까지 먹었다. 비단 다리만이 문제가 아니라 앞으로의 고통스러운 재활 시간이 두려웠기 때문이다. 하지만 그는 곧 "지금이야말로 맞서 싸워 더 좋아질 때다"라고 혼잣말을 거듭했다. 그는 맞서 싸웠고, 결국 좋아졌다. 4개월에 걸쳐 서른 번의 수술을 받고 나서야 비로소 그는 퇴원을 했다. 그리고 일 년이 지난 후 오토바이를 개조하여 처음으로 앞바퀴 들고 타기를 시도했다. 또 몇 개월이 지난 후에 그는 다시 BMX를 탔다.

삶이 빠르다면 더 빨리 움직여라.

커트 예거는 그야말로 나우이스트에 딱 맞는 방식으로 여러 행동의 흐름 사이를 넘나들며 꾸준히 앞으로 나아갔다. 그는 테이프와 벨크로로 의족을 오토바이 페달에 고정시켰고, 폭넓은 네트워크와의 공동 작업 끝에 발명한 끈 없는 자석 페달을 작동시키는 데 성공했다. 그리고 세계 최정상급 적응형 BMX 선수로 발돋움했다. 기자들은 그가 한 발로 선보이는 묘기를 찍은 온라인 동영상에 푹 빠졌다. 영국의 록밴드 루디멘탈은 그의 기사를 읽고 뮤직비디오까지 만들었다. 그가 극적으로 살아난 체험은 과거 파트타임으로 일했던 배우 경력에도 힘을 실어주었다. 흥행 영화와 유명 TV 프로그램 시리즈 섭외가 줄을 이었던 것이다. 그는 또 자신만의 유일무이한 자석 페달 해결

책을 상품으로 전환하며 사업가가 되었다.

다리를 절단하기 전에도 그는 여러 가지 행동의 흐름 사이를 오가곤 했다. BMX, 연기, 대학 등의 경험은 사고 후에도 큰 도움이 되었다. 그는 어떻게 고통스러운 시련을 극복해야 하는지 알고 있었고, 어떻게 기회를 움켜쥐어야 하는지도 알고 있었다.

나우이스트는 한 가지 행동으로 여러 가지 목표를 달성하는 방법을 찾아내려 하는데, 이를 '다중 결과성multi-finality'이라고 한다. 또 한 가지 목표를 달성하는 데 여러 가지 방법이 있다고 생각하는데, 이를 '동일 결과성equifinality'이라고 한다. 한 가지 목표를 성취하느라 다른 목표를 달성하지 못하게 하는 방식은 택하지 않는데, 이를 '반결과성counter-finality'이라고 한다. 나우이스트의 이와 같은 가치관과 성향은 자연스럽게 더 많은 자유를 창출하여 보다 나은 선택을 하도록 이끈다. 나우이스트는 잠재적인 선택의 여지를 '포착'하는 데 뛰어나므로 언제나 더 나은 선택을 한다.

계획과 행동이 조화를 이루어 뜻밖의 기회를 만들어내기 시작하면 저절로 생각하는 동시에 행동할 수 있게 된다. 나우이스트처럼 생각하고 행동하면 현재의 즐거움 속에서 살아가고 나아갈 수 있다.

여러 가지 일을
병행하는 능력

　어떤 사람들은 한 번에 두 가지 이상의 일을 하는 것을 선호한다. 그들은 여러 일을 병행하면서 생기는 유능감과 따분하지 않은 상태를 즐긴다. 재미를 느끼며 효율적으로 시간도 잘 활용한다.

　영화를 보거나 오믈렛을 만들면서 배우자와 대화하는 동안 이메일에 답장을 하는 것처럼 사소한 업무 병행을 즐길 수도 있다. 일을 할 때에도 마찬가지다. 병행할 행동들이 언제나 서로 경쟁하고 있으므로 어떤 업무에서 다른 업무로 곧바로 이동하거나, 많은 업무를 교차로 수행하는 것도 가능하다. 이런 상황에서는 매번 새로운 업무에 적응하는 일이 가장 큰 과제가 된다. 마치 테트리스 게임이라도 하듯 머릿속을 빙빙 도는 각각의 업무를 자신의 세계에 잘 끼워 맞추는 과정과도 같다.

업무 병행을 좋아하는 사람들도 알고 보면 모두 처음부터 능수능란하게 잘했던 것은 아니다. 업무 병행을 잘하는 사람들이 모두 어떤 것을 병행하기를 좋아하는 것도 아니다. 한 연구에서 업무 병행에 대한 열정의 수준과 실제로 업무 병행을 하는 능력의 수준에 간혹 차이가 발생한다는 점을 입증한 바 있기도 하다.

운전을 하면서 휴대전화를 사용하기 좋아하는 사람도 있지만, 이 경우에는 특히 조심해야 한다. 운전을 하면서 다른 행동을 병행하는 것은 우리가 생각하는 것보다 훨씬 더 어렵기 때문이다. 이 경우는 딕먼의 역기능적 충동성과 상당히 유사하며, 또한 명확하게 사고하기 어려워지거나 무모해져서 잘못된 판단을 내리기도 쉽다.

업무 병행에 대한 실험 결과, 우리가 흔히 편안하게 업무 병행을 할 줄 안다고 생각하는 사람들의 방식은 일반인들과 완전히 다른 것으로 밝혀졌다. 실험에서 업무 병행에 뛰어나다는 평가를 받은 사람들은 딕먼의 기능적 충동성과 유사한 방식을 보였으며, 이들이 업무를 병행하는 이유는 업무 병행 능력을 갖추었기 때문이었다. 어떤 사람들은 실제로 여러 개의 공을 공중에 띄우는 데에도 탁월한 기술을 보였다.

한 심리학자 팀은 업무 병행 능력을 테스트하기 위해 사람들에게 매우 현실적인 운전 시뮬레이터를 작동하게 한 다음, 전화를 걸어 이들과 통화하면서 매우 까다로운 여러 과제를 완수할 것을 요청했다. 참가자들은 운전을 하는 동안 여러 개의 단어 목록을 듣고, 입으로는 수학 문제를 풀면서 매번 하나의 수학 문제를 풀고 나면 바로 단어 목록의 다음 말을 따라 해야 했다. 이는 어려운 테스트였고, 운전을 하면서 앞선 차를 따라가고 전화 통화까지 해야 하니 훨씬 더 힘들었을 것이다. 정말 까다로운 문제였다.

연구진은 단지 업무 병행의 한계를 파악하기 위해 실험을 시작했지만, 곧 업무 병행에 독보적인 능력을 갖춘 사람들이 따로 있다는 사실을 알게 되었다. 이들 슈퍼 태스커Super-Tasker(두 가지 일을 동시에 할 수 있는 사람)들은 각각의 업무를 따로 처리할 때와 전혀 다를 바 없이 모든 업무를 한꺼번에 처리할 줄 알았다. 한 번에 한 가지 업무를 가장 잘 수행한 사람보다, 동시에 진행하는 업무를 더 잘 수행한 사람도 있었다.

이 실험에서 모두가 자신의 능력이 얼마나 뛰어난지 잘 알고 있지는 않았지만, 대부분은 일상생활에서도 매우 다른 업무를 능숙하고 편안하게 병행하고 있었다. 업무 병행 기술을 개발하

거나 나우이스트의 사고방식으로 꾸준히 앞으로 더 빠르게, 더
현명하게 나아가는 사람들 역시 이러하다.

변화를
자연스럽게 받아들여라

우리가 병행하는 모든 업무는 저마다 다르다. 더 중요하거나 더 사소한 업무가 있고, 더 어렵거나 더 쉬운 업무가 있게 마련이다. 어떤 개별 업무들은 서로 다른 상위 업무에 속하기도 하고, 각 업무가 특정한 영역의 일, 목표 혹은 다른 흐름의 행위에 속하기도 한다.

동일한 영역 혹은 흐름에 속하는 서로 다른 업무를 병행하기는 제법 수월하다. 어떤 주제에 대해 이야기하다가 같은 주제와 관련한 일을 처리하는 쪽으로 이동할 수도 있다. 예를 들어 가족들과 멋진 휴가를 보낼 계획에 대한 이야기를 나누다가, 웹사이트에서 휴가지에 대한 후기를 확인하는 것은 같은 영역에 속하지만 다른 업무를 병행하는 사례다. 햇볕이 내리쬐는 바닷가나 눈 덮인 산에 대해 알아낸 내용을 설명하다가, 가족 중 누군가가 비디오 게임을 같이 하겠느냐고 물어볼 수도 있다. 다른 업무이고 다른 영역이지만 같은 흐름에 속하는 행동이다. 가족과 관련된 행동이기 때문이다. 이는 관계에 투자하는 행동이기도 하다.

비디오 게임을 하는 도중 직장 상사가 전화를 걸어와 회사에서 회의를 하기 전에 볼 웹사이트를 확인해보라고 할 경우 이는 다른 업무이자 다른 영역, 다른 행동의 흐름에 속하게 된다. 상사의 지시는 일과 경력에 관련된 것이기 때문이다. 이런 경우에는 주의를 전환하는 데 많은 에너지가 필요하고, 두 가지 업무 모두에 주의를 기울이는 데 많은 에너지를 소모해야 하고, 원래의 업무로 돌아오는 데에도 에너지가 필요하다. 이럴 때에는 원래 하던 일을 기억하고, 같이 게임을 하던 가족이 아직 기다리고 있더라도 기분이 달라질 수 있다.

흔히 사람들은 이와 같은 방해에 각기 다른 방식으로 반응한다. 원하지 않는 게임을 하면서 기분 전환을 하고 싶던 사람이라면 방해가 오히려 반가울 수도 있다. 이제 막 게임에 집중하기 시작한 사람은 에너지가 사라져버린다는 느낌 때문에 짜증이 날 수도 있다. 하지만 변화를 자연스러운 일상 중 하나로 인정하고 받아들이면 주변의 방해에 에너지도 덜 소모하고, 짜증도 덜 느끼게 된다.

병원 간호사들을 대상으로 한 연구에서 근무 교대시간의 첫 3분의 2에 해당하는 시간에 어떤 일이 발생하는 한, 간호사들이 어떤 방해와 시간 제약으로 자신의 업무를 잊어버리거나, 일에 불만을 느끼는 경우가 드물다는 사실이 밝혀졌다. 이 시간에는 방해와 시간 제약을 충분히 예상하고 있기 때문이기도 하다. 하지만 방해받지 않을 것이라고 예상한 교대시간의 마지막 3분의 1 동안 방해와 시간 제약을 받는 경우 미리 계획하지 않은 업무는 성가시게 느꼈다.

나우이스트는 방해가 무언가 다른 일을 할 기회라고 생각한다. 방해 자체가 이미 새로운 것이기 때문이다. 실패 가능성이 나우이스트의 적응 능력을 시험할 계기가 되므로 계획하지 않은 일에 유연하게 대처할 가능성도 더 높다. 나우이스트는 방해와 예상 밖의 결과로 생기는 어떤 일에서든 새로운 생각을 포용하려 한다.

업무 병행으로 잠재적인 혜택을 누리고 싶다면 행동의 경계와 흐름 사이를 능숙하게 넘나드는 방법을 적극적으로 모색해보자. 업무 병행 같은 행위를 기피하려 애쓰다 보면 유연하고 우아하게 삶의 에너지를 사용하는 데 한결 능숙해질 기회를 놓

쳐버릴지도 모른다. 업무 병행을 거부하는 이유는 아직 시도해
보지 않아서일 수도 있다.

스스로의 목표가 옳다고 생각될 때에는 더욱 발전하고 싶어
지며, 목표를 추구하며 재미를 느낄 때에는 의욕이 한층 고조
된다. 이렇게 신이 날 때 여러 가지 일을 소화할 수 있는 에너지
도 커진다. 한 가지 업무에 매달리면서 에너지를 소모하기보다
자신에게 에너지를 불어넣어주는 여러 일을 하는 것이 대체로
더 효과적이기 때문이다.

힘들게 자제력을 동원해서 일할 때에는 주의를 산만하게 하
는 다른 업무를 포기하고 억지로 한 가지 업무에만 집중하도록
노력해야 한다. 그러므로 편안하게 동기부여를 하고, 자신이
사랑하는 일 자체나 하고 있는 일을 사랑하는 것에서 동기부여
를 받을 때만큼 에너지 효율이 높지 않다. 흥미를 느끼는 대상
을 찾아라. 그리고 들뜨게 하는 분위기에 푹 빠져라.

물론 세상의 모든 일이 즐겁기만 할 수는 없다. 평범하든 비
범하든, 많은 성과와 업적은 고통스럽고 끈질긴 노력 혹은 그
저 중립적이기만 한 행동의 결과다. 하지만 에너지를 사용하면
서도 어떤 움직임에서 즐거움을 찾으려는 접근방식은 우리에
게 활기를 불어넣어주기에 충분하다. 그래서 자신이 하는 일을
사랑하고, 삶의 끊임없는 변화를 사랑하는 사람들은 대체로 오

래 산다. 자연스럽게 움직이는 에너지의 흐름과 조화롭게 나아가기 때문이다.

여러 가지 행위의 흐름 사이를 이동하는 것은 우리에게 의욕을 불어넣어준다. 설령 한 가지 행동의 흐름이 멈추거나 늦춰지더라도 꾸준히 탄력을 받아 나아갈 수 있게 한다. 두 가지 이상의 우선순위를 포용하면 본능적으로 두 가지 이상에 관심을 보이는 성향과 조화를 이루며 행동하기도 더 쉬워진다. 또한 여러 가지 일을 좋아하고 즐기게 되며, 여러 가지에 호기심을 느끼고 능숙해진다. 그렇다면 한 가지에만 과도하게 집중하고 얽매이느라 정체된 삶을 살아갈 이유가 없지 않은가?

마인드원더링,
기분 전환으로 능률을 높여라

사람들은 일반적으로 마인드원더링mind-wandering(마음 방랑)을 정신을 산만하게 하는 활동으로 치부하고 그다지 권장하지 않는다. 멀티태스킹을 쓸데없이 에너지를 낭비하는 활동이라고 생각하는 것이나 다름없다. 하지만 마인드원더링을 유리하게 활용할 수 있다면 어떨까? 마인드원더링이 스트레스를 받지 않는 데 도움이 될 수도 있지 않을까? 멀티태스킹이 유동적 지능fluid intelligence(선천적이며 유전적으로 결정되는 지능)의 기본 요소에 더 적합하다고 생각해보면 어떨까? 우리의 두뇌는 선조들이 생존하고 진화하게 만든 자연스러운 움직임과 문제 해결 능력을 따라가야 하는 법이다.

한 실험에서 심리학자들이 마인드원더링 경험에 대해 적어보라고 요청했을 때 사람들은 이 때문에 하던 일에 집중하지 못하게 되더라도 흥미로운 생각이 떠올라 더욱 행복해졌다고 말했다.

또 다른 연구에서는 마인드원더링의 효과를 알아보기 위해 고안한 아주 긴 연습 문제를 사람들에게 전부 풀어보라고 요청했다. 그러자 마음의 방랑을 그대로 내버려둔 사람들이 오히려 문제 풀이에 집중한 사람들보다 더 좋은 성과를 거두었다. 마음의 방랑을 내버려두는 것 역시 중요한 능력이 될 수 있다. 기분 전환으로 두뇌가 맑아져 행동을 위한 창조적인 기회를 발견할 수 있기 때문이다. 어떻게 해서든 실수를 피하려 애쓰다 보면 오히려 업무 안팎에 숨어 있는 가치마저 놓치게 될지도 모른다.

앞에서 이미 논의했듯이, 줄곧 인식하고 있던 일에서 주의를 이동하여 상황의 제약에서 자신을 해방시키는 것에는 중요한 장점이 있다. 우선 상황의 전반적인 의미, 특히 자신과 관련이 있는 의미를 보다 잘 파악하고 느낄 수 있게 해준다. 상황의 의미를 깨달으면 지금 하는 행동이 현재와 미래 모두에 좋은 결과를 가져올지 여러 가지 방식으로 미리 점검해볼 수 있다. 그리고 자신의 느낌을 따라갈 수 있다.

스스로 중요하게 생각하거나 추구하는 일에서 관심을 떨어 뜨리는 것은 아무 의미도 없는 충동적인 행위가 아니다. 마음의 방랑은 두려움으로 가득 찬 일종의 순응적 행동이라 즐겁게 의욕적으로 나아가는 능력을 펼치지 못하게 하거나, 더 좋은 일이 생기지 못하도록 막지도 않는다. 오히려 이렇게 주의를 전환하는 순간, 자신의 확장된 자아와 조화를 이룬다는 느낌을 받으며 더욱 충만한 순간을 경험할 수 있다.

재미를 느끼면
어려운 일도 더 잘할 수 있다

한 실험에서 어려운 업무를 잘 수행하고 스스로 동기부여를 하라고 요청하자, 사람들은 업무를 제법 잘 완수했다. 그런데 어려운 업무를 재미있다고 생각하는 척하라고 하자, 업무를 더 잘 소화해냈다. 재미있는 일을 할 때 어떤 기분이 드는지 이미 잘 알고 있어서 업무를 더 잘해냈던 것이다. 하지만 반드시 해야 하는 업무를 재미있는 척하기란 무척이나 어려운 일이다.

이 연구를 통해 우리는 재미를 느끼면 어려운 일을 더 잘할 수는 있지만, 재미있는 척하는 데에는 상당한 에너지가 필요하다는 사실을 알 수 있다. 진정한 동기부여는 어떤 일을 꾸준히 진행하기 위해 필요한 것이 무엇인지 알고 있을 때 더 유지하기 쉽다. 하지만 이보다 더 유의미한 능력은 움직임에 동기를 부여하는 동시에 재미, 즐거움, 기쁨을 자연스럽게 발견하는 능력이다.

미래를 상상하는 데에는 많은 에너지가 필요하며, 적극적으로 일을 하는 데 필요한 에너지도 빼앗아간다. 그래서 긍정적인 상상과 실제로 일어나는 일 사이에 고통스러운 간극이 생기곤 한다. 실제 결과는 상상 속보다 더 가혹하다.

한 실험에서 사람들에게 앞으로 생기게 될 미래의 성과에 대한 열두 가지의 서로 다른 시나리오를 읽어보게 했다. 실험 참가자들은 여러 가지 다양한 시나리오를 읽어야 했는데, 그중 하나는 정말 중요한 일의 마감을 맞추지 못해 마감일을 연장해달라고 부탁하는 내용이었다. 이 시나리오를 읽고 나서 눈을 감고, 이후 상황을 결정할 권한이 있는 사람에게 불려갔을 때 어떤 일이 있을지 생생하게 상상해야 했다.

이때 긍정적인 상상을 한 사람들은 아주 짧은 시간 동안 좋은 일이 생겼다고 상상한 직후에 기분이 더 좋아졌다. 하지만 놀랍게도 시나리오를 읽고 가장 긍정적인 결말을 떠올린 사람들은 그 후 3개월에 걸쳐 가장 우울한 감정을 겪은 것으로 밝혀졌다. 학생들, 성인들 모두 같은 결과가 나왔다. 긍정적인 상상을 하는 것은 현재와 미래 모두에서 에너지를 고갈시키는 접근방식이었던 것이다.

나우이스트는 편안하면서도 도전적인 행동을 취하며 현재 하는 일에서 재미를 찾으려 하거나, 그저 재미있는 일을 찾아서 즐기려 할 때가 많다. 또 지적 능력을 발휘하여 현재 하는 일에서 무엇이든 배우려 한다. 그래서 현재의 행동을 과거에 즐기던 행동에 더욱 정확하게 연결하고, 미래에도 사랑하는 일을 더 많이 할 가능성을 높인다.

현재를 즐기며 변화해나가는 법

적극적인 행동으로
목표 달성을 앞당겨라

어떤 목표나 행위를 구체적으로 찾아 나서는 것은 무언가를 하지 않으려 애쓰는 것보다 훨씬 에너지 소모도 적고, 보람도 있다. 아무 일도 하지 않을 때에는 어떤 일을 했을 때의 즐거움도 느끼지 못한다. 변화를 빠르게 수용하고 행동으로 옮겨야 남들보다 유리한 출발선상에 설 수 있다. 또한 강하고 단호하게 행동하는 사람에게는 영향력이 생긴다. 강력한 동기를 바탕으로 적극적으로 행동할 때 굉장한 힘을 얻을 수 있을 것이다. 망설이지 말고 더 많이 경험하고, 더 많이 성취하라.

모든 경험을
즐겁게 받아들여라

즐거움을 삶의 가치에서 배제하면 노력의 성과를 거둘 수 없고, 깊이 있는 통찰을 깨우칠 수 없으며, 기회도 얻기 힘들다. 실패할지라도 모든 경험을 즐겁게 받아들이는 자세가 필요하다. 목표의 일부에 즐거움을 포함하면 매사에 깨달음이 생기며, 매 순간을 더욱 즐겁게 보낼 수 있다. 다른 사람을 의식하지 말고 자기 내면의 기쁨을 추구하며, 지금 상황에서 즐거움을 발견하려 노력해야 한다. 새로운 경험에 대한 열린 생각으로 항상 무언가를 배우며, 지금 이 순간 즐거움을 누릴 수 있는 방법을 찾아보자.

미래의 내 모습을
구체적으로 상상하라

미래의 모습을 구체적으로 시각화하며, 목표를 중심으로 현재의 행동을 바꿀 줄 알아야 한다. 그래야 현재의 행동을 즐기면서 미래를 준비할 수 있다. 그러면 자신감도 더 커지고 목표를 실현할 계획을 세우는 데에도 도움이 된다. 계획을 잘 세워야 성과를 즐기면서 꾸준히 나아갈 수 있다. 미래의 내 모습을 상상하며 현재 긍정적인 행동을 취하도록 동기부여를 해보자. 행동의 경계와 흐름 사이를 능숙하게 넘나든다면 의욕도 충만해지고, 재미도 더욱 느낄 수 있을 것이다.

최고의
나우이스트가

되기 위한
결정적 팁

나우이스트의
특성 5가지

우리는 누구나 조금씩 나우이스트의 성향을 갖고 있다. 누구나 행동을 취하면서 나아가는 것을 즐긴다. 그렇다면 진정한 나우이스트가 되기 위해서는 어떻게 해야 할까?

나우이스트의 성향은 단순히 틀에 박힌 성격적 특성이나 능력이 아니다. 유연한 사고방식일 뿐만 아니라 잘 개발하면 전진 운동의 계기를 마련할 수도 있다.

우리는 모두 과거와 미래 사이에서 살고 있다. 그리고 현재를 살아가면서 제대로 생각하기만 하면 어떤 일이든 지금 현재의 관점에서 행하거나 바꿀 수 있다. 바로 이 지점에서 진정한 나우이스트인지, 아닌지가 갈린다.

나우이스트의 특성은 크게 다섯 가지로 나눌 수 있다.

첫째, 일을 그저 목적을 달성하기 위한 수단으로만 생각하는 사람들은 그럴듯해 보이거나 금방 끝낼 수 있는 일만 하려고 하며, 이로 인해 때로는 삶을 제대로 즐기지도 못한다. 반면 나우이스트는 발전해나가는 것을 좋아하고, 일을 하면서 즐거움을 찾으려고 한다. 미래의 행복을 기다리느라 현재의 인생을 낭비하지도 않고 지금 당장 행복을 느끼려 노력한다.

둘째, 결정을 내릴 때 고민을 많이 하는 사람들은 속도가 늦어지고, 늑장을 부리거나 불쑥 전혀 말도 안 되는 결정을 내려버리기도 한다. 그리고 점점 더 곤란해지는 상황이 되풀이된다. 반면 나우이스트는 편안한 마음으로 신속하게 결정을 한다. 일의 절차를 미리 내다보며, 스스로 어디로 가고 있는지도 잘 알고 있다.

셋째, 먼 미래를 걱정하며 아무 일도 하지 않고 우물쭈물하는 사람들은 시작도 하기 전에 후회부터 하는 악순환에 빠지기 쉽다. 열심히 일하기는 하는데 일은 계속 힘들기만 하고 지치고 괴로운 상태가 이어진다. 반면 나우이스트는 좀처럼 멈추려 하지 않는다. 나우이스트는 앞으로 꾸준히 나아갈 수 있는 무한한 에너지를 가지고 장애물을 기회라고 생각하며, 스트레스는 그저 전진 운동의 또 다른 근원일 뿐이라고 생각한다.

넷째, 자신을 의심하는 경향이 있는 사람들은 실제로 옳다고 생각하고 판단하고 나서도 곧 후회를 하곤 한다. 반면 나우이스트는 자신을 신뢰한다. 대체로 자기 능력에 확신도 있고, 개선하고 배우려는 의지도 강하다. 영향력을 미치는 능력을 개발하기 위해서도 애쓰는데, 이때 다른 사람들에 대해서가 아니라 좋은 일이 일어나는 데 더 많은 영향력을 미치고자 한다. 나우이스트는 자신의 능력을 시험하고 원인과 결과에 대해 더 많이 배우려는 특성이 있다. 행동과 결과의 의미와 가치에 대해서도 더 많은 것을 배우려 한다.

다섯째, 쓸데없는 걱정을 하는 데 에너지를 낭비하느라 문제를 더 악화시키거나, 수동적인 태도만 취하는 사람들은 걱정 때문에 긍정적인 현재의 순간을 놓쳐버리고 만다. 반면 나우이스트는 실천하려는 에너지가 강하다. 걱정하기 시작하면 순식간에 내리막길로 치닫게 된다는 사실을 잘 알고, 자신이 바꿀 수 있는 대상에 시간이나 에너지를 투자한다. 부정적인 사고방식에서 벗어나 앞으로 나아가라. 그러면 최고의 나우이스트가 될 수 있다.

지금까지 설명한 나우이스트의 특성을 간단하게 정리하면 다음과 같다.

발전해나가는 것을 좋아한다.

결정이 빠르다.

좀처럼 멈추지 않는다.

자기를 신뢰한다.

일을 실천하는 에너지가 있다.

나우이스트의
유형 4가지

어떤 결정을 내려야 하는 언짢은 과정을 미루거나, 달갑지 않거나 불확실한 미래를 대면하는 것을 기피하며 핑곗거리만 찾는 사람들이 있다. 이들은, '인생은 오직 한 번뿐'이라며 자신이 좋아하는 일을 하는 것보다 싫어하는 일을 하지 않는 것을 더 중요시한다. 좋아하지 않는 일은 무엇이든 피하려 하기 때문에 그 일에서 시선을 돌릴 수 있는 길을 적극적으로 찾아 나선다.

그저 게을러서 일하기 싫어하는 사람들도 있다. 간혹 아주 적극적으로 행동하는 경우도 있긴 하지만, 대체로 행동의 목적이 앞으로 나아가는 데 있지 않고 두려운 대상을 피하는 데 있다.

운명론자들 중에는 할 수 있는 일이 아무것도 없다며 "난 다 망쳐버릴 거야. 그게 내 운명이야. 지금까지도 몇 번이고 계속 그래왔다고(미국의 그룹 이매진 드래곤스가 2015년 발표한 노래 〈샷shot〉의 가사 중 일부)"라고 말하는 경우도 있다. 그런 사람들은 자기 회의의 소용돌이에 휘말려 어떤 노력도 하지 않고, 아무 일도 하기 싫다며 가만히 앉아 있거나 몸을 웅크리고 있곤 한다. 별다른 행동을 하지 않고 그저 모든 일을 흘러가는 대로 놔두고 싶어 한다. 이런 사람들은 기회를 발견하거나 만들어내지도 못한다. 기회를 찾기는커녕 웅크리고 앉아 인생을 낭비하기만 한다.

한편 기적이라도 일어나 갑자기 모든 일이 다 잘 풀릴 것이라고 기대하는 몽상가들도 있다. 이들이 완벽한 미래를 꿈꾸는 동안 앞으로 나아가는 데 필요한 추진력은 사라져버린다. 망상을 너무 확실하게 믿는 바람에 망상을 이루기 위해 아무 노력도 할 필요가 없다고 확신하기도 한다. 또 비전이나 꿈에 대해 들어주는 사람이라면 누구에게든 망상을 털어놓으며, 그런 생각을 이야기하는 즐거움을 만끽하려 한다. 이와 같은 즐거움이 실제로 더 좋은 일이 생기게끔 행동하는 것의 혜택을 대신할 수 있다고 생각하다 기적이 일어나지 않는다는 사실을 깨달으면 망연자실하며 실망한다.

최악의 상황이 닥칠 것을 생각하고 지레 겁부터 먹는 사람들도 있다. 이들은 어떤 일을 하든 실패로 끝날 것이라며 두려워할 뿐 아니라 아무 일도 하지 않기로 결정해도 변함없이 끔찍한 일이 생길 것이라고 걱정한다. 어떤 상황에서든 두려워만하는 이들의 사고방식은 공포 영화에 나올 법한 과장스러운 반응과 유사하며, 귀중한 에너지만 낭비하게 할 뿐이다. 이런 상태에서는 가치 있는 일을 성취할 가능성이 적다.

이 모든 두려움과 걱정, 망상을 극복하고 앞으로 나아갈 유일한 해결책은 나우이스트의 사고방식을 갖는 것이라고 할 수 있다. 나우이스트를 세분화하면 열정가형 나우이스트, 실천가형 나우이스트, 파워 나우이스트, 슈퍼 나우이스트 등으로 구분할 수 있다.

먼저 열정가형 나우이스트는 자신이 좋아하거나, 자신이 가장 바꾸고 싶어 하는 면을 가진 대상에 이끌린다. 열정가형 나우이스트에게는 마음 깊은 곳을 울리게 하는 대상이 있고, 이 소중한 감정에 힘입어 꾸준히 앞으로 나아가려 한다. 예를 들어 더 나은 세상을 만들기 위한 캠페인 활동을 펼치면서 불우이웃을 돕고 싶어 할 수도 있다. 세상에 필요한 무언가를 만들어내기도 한다. 또한 좋아하는 일을 할 기회를 찾거나, 사랑하는 사람들을 도와주려 할 수도 있다.

실천가형 나우이스트는 신속하게 움직여 일을 끝마치는 데서 큰 기쁨을 느낀다. 일의 목적에 끌릴 때도 있지만 이들에게 가장 중요한 것은 행동과 속도, 전율이다. 실천가형 나우이스트들은 이구동성으로 새로운 도전 앞에서 "좋다"고 말한다. 자원봉사 활동에도 앞장선다. 바쁜 상태를 좋아하고, 다른 이들에게도 "일단 빨리 진행하라"고 재촉할지 모른다. 집중적으로 많은 노력을 쏟고 난 다음에는 그 대가로 빠른 보상을 받고 싶어 한다. 대부분의 실천가형 나우이스트는 세심하게 계획을 세우는 데 탁월한 재능이 있지만, 흥미진진하고 아슬아슬한 행동을 하는 즐거움에도 푹 빠지기 때문에 행동하는 동시에 더 많이 생각하는 능력으로 혜택을 얻는다.

파워 나우이스트는 자신의 유능함을 확인하면서 앞으로 나아가는 과정을 즐긴다. 어떤 일을 하고 있을 때 더 강해진 듯한 느낌을 받고, 일을 하면서 실제로 더 강해지곤 한다. 또한 앞으로 좋은 일이 일어날 수 있다는 사실에 기쁨을 느끼고, 의욕을 얻는다. 의지력으로 장벽과 관습과 다른 장애를 극복하고, 재능이 있는 사람들이 성공할 수 있도록 길을 터주기도 한다. 파워 나우이스트는 산도 움직이게 하는 강력한 능력을 바탕으로 좋은 일이 일어나게끔 하고, 다른 사람들을 돕고 동기를 부여한다.

슈퍼 나우이스트는 나우이스트의 유형 중에서 가장 출중한 능력을 보이는 사람이다. 슈퍼 나우이스트는 숨이 가쁠 정도로 빠르게 앞으로 나아간다. 일이 어떻게 진행되는지, 스스로 무엇을 원하고 어디로 나아가고 있는지 놀라우리만큼 명확하게 꿰뚫고 있다. 계획한 대부분의 일을 성취하며, 노력하는 과정과 결과적으로 도착하게 될 목적지 모두를 사랑한다. 이들 중에는 강력한 슈퍼 태스킹으로 유명해진 사람도 있고, 대단히 기발하고 박학다식한 사람도 있다. 그런가 하면 혹독한 상황에서 기묘하리만치 평온함을 유지하는 사람도 있다.

슈퍼 나우이스트는 어떤 스트레스나 좌절도 딛고 일어서며 성장하는 능력을 보인다. 그러면서 자기 자신에게 동기부여를 하기 위해 신문의 헤드라인을 장식하거나 상을 타겠다는 기대도 하지 않는다. 굳이 슈퍼 나우이스트가 되고 싶지 않을 수도 있지만, 분명 이들에게서는 배울 점이 아주 많다.

나우이스트가 선호하는
조직과 문화

나우이스트는 조직을 판단할 때 구조보다는 자신에게 편안한 행동을 꾸준히 취할 수 있는 기회를 부여하는지 여부를 중시하는 경향이 있다. 빠르게 나아갈 수 있다면 제법 전통적인 위계질서의 조직도 선호하고, 빠른 속도에 가장 적합한 환경을 제공한다면 아무런 규칙이나 지도자가 없는 곳도 마다하지 않는다.

어떤 나우이스트는 군에 입대하여 자극을 느끼려 하고, 자신을 시험하며 더 빠르게 나아가려 한다. 또 다른 나우이스트는 응급 의학, 행동주의 철학 또는 우주 탐사, 뉴스 보도룸에 마음이 끌리기도 한다. 고용주가 나우이스트를 끌어들여 행동하면서 생각도 하는 그 능력의 도움을 받으려 할 때 최선의 방법은 회사가 움직임을 도모하고 한계를 밀어붙이기에 얼마나 좋은 환경인지 스스로 질문을 던져보는 것이다.

혁신적인 비디오 게임을 창시한 밸브 코퍼레이션 같은 회사에서는 나우이스트가 남들과 다른 방식으로 일한다고 믿는다. 이 회사에서는 원칙적으로 누구나 자기가 원하는 프로젝트를 위해 일할 수 있다. 누구든지 새로운 프로젝트를 만들 수 있고, 얼마든지 다른 사람들과 협력할 수 있다. 저마다 즉흥적인 순서에 따라 행동하며, 아무도 획일적인 관리구조와 규칙을 따르느라 시간과 에너지를 낭비하지 않는다.

나우이스트 중에 획일적인 환경을 좋아하는 사람들도 있다. 단, 부단한 움직임을 멈추지 않게 하는 것을 전제로 한다. 다른 사람들과 협상하고 그들을 설득하느라 아무런 발전도 못하는 것처럼 느껴질 때도 있을 것이다. 이때의 핵심은 조직의 풍토를 살짝 비틀어 더 편안하고, 덜 고통스럽게 행동하고 판단할 수 있게 하는 것이다.

나우이스트는 협상의 과정을 일의 자연스러운 일부, 즉 변화의 일부로 생각할 때 일을 더 잘한다. 그렇게 되면 조직문화도 더 이상 피해야 할 대상이 아니라 포용할 대상이 되기 시작한다. 나우이스트와 함께 일할 때에는 시작하기 전부터 완벽한 답을 찾으려 하기보다 한 걸음 더 앞으로 나아가는 것을 우선 순위로 삼아야 한다.

빠르게 나아가기 위해 생각해볼 수 있는 또 하나의 대안은 이미 존재하는 것을 활용하여 시장과 시스템에 연결하고, 별도의 협상 과정 없이 진행하는 것이다. 현재 유명한 알리바바, 아마존, 이베이로 대표되는 온라인 시장 덕분에 서로 연결하는 것은 한층 더 수월해졌다. 이제는 전 세계 어디서 제작되었든 원하는 디자인의 시제품을 구할 수 있다. 지구상에서 가장 동떨어진 지역에 있더라도 전문가의 조언을 얻거나, 거의 모든 종류의 서비스를 받을 수 있다.

나우이스트는 더 빨리 나아가고 싶어 하고, 속도를 높이는 새로운 아이디어에 매료되는 특성이 있다. 또 새로운 개념을 발견하면 즉시 실행에 옮기고 싶어 한다. 이런 특성은 큰 장점이기도 하지만, 함께 일할 때 충분히 속도를 내지 못하거나, 곧바로 일을 시작하지 않으면 그들은 종종 성미가 고약한 사람이 되어버린다.

나우이스트는 "조금만 더 기다리고 참아"라는 말을 듣고 싶어 하지 않는다. 또 실제로 바쁘게 일하는 것은 좋아하지만, 괜히 바쁜 척하는 것은 원하지 않는다. 대신 진정 의미 있는 일이라고 생각하는 목표를 향해 나아가고, 최대한 빨리 시작하며,

스스로 나아가고 있다는 것을 실감하려 한다.

나우이스트의 장점은 다른 사람들이 힘 있는 사람으로 보는 것에서 비롯되는 혜택을 누릴 수 있다는 것이다. 하지만 힘 있는 사람으로 보이면 필요한 도움을 충분히 받지 못해서 좋은 일이 생기게끔 하는 능력을 온전히 발휘하지 못하게 될 수도 있다. 이런 상황은 물론 바람직하지 못하다.

자신의 힘 때문에 다른 사람들이 무기력해진다고 느낀다면 그들이 함께 일하고 싶어 할 가능성은 줄어든다. 별로 원하지도 않는 것 같은 사람에게 굳이 함께 일하자고 제안할 이유가 없지 않겠는가? 다른 사람들이 잘못하고 있다는 사실을 발견해도 바로잡아주려 할 가능성 또한 적다. 재빨리 행동을 취하면서 다른 이들과 함께 나아갈 수 있는 몇 가지 방법을 살펴보자.

첫째, 나우이스트 모드에 있을 때에는 자신에게 항상 움직이고 앞으로 나아가는 현재성의 힘이 작동한다는 사실을 인식해야 한다. 나우이스트 모드에서는 현재성의 흐름을 멈추기 어려워진다. 이런 성향은 지루하거나 방해를 받거나 좌절할 때 더욱 명확하게 드러난다. 이 경우 속도를 늦추게 만드는 것들을 멀리하거나, 아예 근처에 두지 않으려 한다. 그런 '것들'에는 사람도 포함된다. 특히 자신을 무시하고 몰아붙이거나, 그저 필요 없는 존재라는 생각이 들게 하는 사람들을 멀리하게 된다.

둘째, 다른 사람들의 힘을 받아들이며 그들의 힘을 키우는 것이 스스로 원하는 바라고 생각하며 나우이스트는 원하는 목표가 생기면 그 목표를 이루기 위해 매사에 신속하게 판단하려는 경향이 있다. 누군가와 함께 능력을 키우고 협력하는 태도를 수용하는 즉시 자연스럽게 타인과 함께하는 행위에서 즐거움을 느끼게 될 것이다.

셋째, 다른 이의 도움을 적극적으로 모색하고 있다는 사실을 분명하게 알리는 편이 좋다. 그렇게 해야 하는 이유는 뻔하다. 사람들은 그들의 아이디어와 경고, 제안을 기꺼이 받아들일 준비가 되어 있는지 알고 싶어 하기 때문이다. 기꺼이 잘못을 바로잡으려 하는지, 어떤 도움이 필요한지 알고 싶어 한다. 더 빨리 움직임을 취할수록 어떻게 하면 신속하게 협력할 수 있는지 알아내는 과정의 의미도 커진다.

다른 사람들과 함께 생활하며 일하는 최선의 방법은 우리의 현재가 다른 이들의 현재와 조화를 이루도록 하는 것이다. 현재가 서로 조화를 이루면 진정한 만남의 순간을 체험하게 된다. 한마디로 서로의 우선순위와 리듬을 공유하며 매끄럽고 유연하게 공존할 수 있다.

현재의 순간을 확장하는 일은 먼 거리에서도 가능하다. 조화를 이루는 사람들이 서로 어떤 사람인지 몰라도 아주 흡사한 목표와 이상을 향해 나아갈 수 있다. 멀리 있지만 함께 화합하여 자연스럽게 나아가며, 서로가 생각하고 추진하는 일에 보조를 맞추게 된다. 이런 현상은 두 명 이상의 사람들이 하나의 문제를 해결하기 위해 노력하거나, 우선순위를 공유할 때 나타난다. 그러면 그 어느 때보다 자신이 좋아하는 일을 위해 같이 노력을 기울일 사람을 찾기가 쉬워진다. 이를 통해 많은 사람들이 함께 움직이기 시작할 때 생기는 힘을 느낄 수 있다.

나우이스트의 특별한
스트레스 해소법

스트레스를 받은 적이 있는가? 물론 있을 것이다. 스트레스를 피하는 방법 중 하나는 기대치를 낮추고, 우리를 강하게 만들 수 있는 무언가를 피해버리는 것이다. 하지만 이 책에서는 스트레스를 무조건 피하지 않고 대안을 찾는 소중한 통찰력을 제공하고자 한다. 나우이스트의 사고방식을 키우는 쪽을 선택하는 것이다. 삶의 흐름 속에서 즐거움을 추구할 때 행동을 취하고 앞으로 나아가는 자신의 기본적인 능력을 발견할 수 있다.

스트레스에 짓눌리고 있다는 생각이 들 때에는 이를 해결하기 위한 응급 처치를 받는 것이 좋다. 일상생활과 일에서 생기는 스트레스에 대처하는 비교적 손쉬운 방법도 있다. 우리는 주로 보다 나은 미래로 향하는 길을 찾을 수 있다고 확신하지 못할 때 좌절감에 사로잡힌다. 어딘가에 갇힌 것 같은 느낌 속에서 무기력함에 빠진다. 그리고 더 이상 나아가지 못한다. 이때 일단 다시 나아가기 시작하면 스스로 처한 상황에서 힘을 낼 수 있다는 느낌을 되찾기 시작할 것이다. 좋은 일이 일어나게 하는 능력도 자연스럽게 되살아난다. 물리적인 움직임을 시작하는 것 자체로 충분할 때도 있다. 비록 그 움직임이 스트레스의 원인과 직접적인 관련이 없을지라도 말이다.

지금 이 순간 자신의 존재를 생생하게 느끼거나, 주변에서 일어나는 일을 경험하기 위해 마음을 여는 데에는 여러 가지 방법이 있다. 그중 '마음 챙김'은 수많은 과학 연구와 사람들의 증언에 힘입어 바야흐로 하나의 산업으로 자리 잡았다. 현대적인 방식의 마음 챙김은 영적이거나 종교적인 요소 없이 진행되는 경우가 많지만, 모든 형태의 마음 챙김은 아주 오랜 명상의 전통에 기반을 두고 있다.

명상과는 다른 전통적인 방법도 있고, 명상과 아주 비슷하면서도 더욱 물리적이고 활동적인 특성을 내세우는 현대적 방법도 있다. 더욱 현대적인 형태의 명상이나, 명확한 사고를 돕는 다른 활동은 우리에게 움직임의 본질적인 이점과 즐거움을 누리게 하는 동시에 그와 비슷한 여러 혜택을 제공한다.

맥마스터 대학교 교수 마틴 기발라와 그의 동료들은 1분 동안 집중적으로 운동을 하면 장시간 운동한 것에 버금가는 효과가 있다는 사실을 발견했다. 이 놀라운 연구에 따르면 60초 동안 아주 왕성하게 움직인 사람들은 더 긴 시간 동안 덜 활동적으로 운동한 사람들과 상당히 비슷한 효과를 얻었다. 총 4분가량 운동한 사람들이 45분 이상 비교적 평범한 강도로 운동한 사람들과 아주 유사한 신체적 효과를 거둔 것이었다. 때로는 더 활발하게 움직이면 그만큼 시간이 덜 소요될 수도 있다. 속도는 시간을 늘려주기도 한다.

더 많이 움직이는 또 다른 방법은 그저 앉지 않고 일어서 있는 것이다. 서서 일하는 책상을 사용하면 앉아 있을 때와 똑같이 문서와 장비를 활용할 수 있다. 이는 여러 고용주들이 직원들에게 사용하는 방법이다. 모바일 기술 덕분에 한곳에 오래 머물지 않으면서 꾸준히 일하거나 즐겁게 시간을 보내기도 쉬워졌다. 서서 말하고, 서서 생각하고, 걸으면서 일하는 동안 다음 단계로 나아갈 수도 있다. 러닝머신이나 달리기 트랙을 활용하는 사람들도 있다. 신체화된 자아를 움직이게 하는 것이 우리의 몸과 마음에 이롭다는 사실은 자명하다.

한편 요가를 하면 스트레스가 줄고 혈압과 심장 박동수가 감소한다. 또한 필요 이상으로 너무 많이 높아지면 면역 체계의 효율성을 떨어뜨리는 스테로이드 호르몬 코르티솔의 수치도 낮아진다. 춤, 필라테스, 태극권뿐만 아니라 일본의 활원운동과 이란, 터키에서 유래한 수피 댄스를 통해서도 요가와 유사한 효과를 거둘 수 있다.

마음 챙김 관련 책들은 대부분 특정한 하나의 정신 운동과 육체 운동에 대해 다룬다. 흔히 눈을 감고 심호흡을 하면서 자신에게서 잠시 빠져나온 감정이 위에서 떠도는 모습을 지켜보라고 말한다. 명상을 하면 우리가 감정을 그 자체가 아닌 사물에 대한 반응으로 바라본다는 사실을 알 수 있다. 특정 사실은 바뀌지 않아도, 사실에 대한 우리의 반응은 바꿀 수 있다. 호흡을 하면서 감정이 우리 위에서 구름처럼 떠돌게 하면 마음이 차분해지고 스트레스가 줄어드는 느낌이 든다. 이와 같은 관점의 변화가 우리를 보호하고 다시 새롭게 나아가게 한다.

당장 앞에서 언급한 특정 활동을 해보라고 권하는 것은 아니다. 여러 연구에는 정도의 차이가 있고, 각자의 선호도에 따라 그 효과도 달라진다. 하지만 계속 일에 착수하게 하고 머리를 맑게 해주어 앞으로 나아가는 데 도움이 되는 활동이 많다는 사실만큼은 알 수 있다.

나우이스트의 효율적인
두뇌 사용법

우리의 현재성은 우리가 다른 사람들이나 외부 세계와 상호 작용 하는 두뇌 네트워크의 산물이다. 수많은 네트워크와 신경 패턴은 거의 무한한 방식으로 연결되어 있으며 유전과 우리의 타고난 본성, 경험을 바탕으로 한다. 이 중 두 가지가 우리의 목표와 가장 밀접하다. 먼저 행동 중심의 현실적인 네트워크는 결정을 신속하게 행동으로 옮긴다. 다음으로 상태 중심의 보다 사색적인 네트워크는 항상 켜져 있고 쉴 새 없이 자아, 과거, 현재와 미래에 대한 생각 사이를 순환한다.

사색적인 네트워크가 활발하게 작동하면 이미 일어난 일을 무의식적으로 처리하고 스스로 사색하며 여러 가지 가능성을 탐색하게 된다. 또 우리의 두뇌가 열심히 일하게 되고, 잠잘 때 조차 생각을 멈추지 않는다. 목표가 달라지기도 하고, 무슨 일이 어떻게 된 건지 잘 알지 못하면서 목표를 향해 나아가는 데 도움이 될 만한 정보를 처리하기도 한다. 다시 말해 사색적인 네트워크는 대개 이면에서 크게 활약하다가 막상 결정을 하거나, 행동을 취할 때가 되면 제대로 능력을 발휘하지 못한다.

선택하거나 실천하기 위해서는 충분한 에너지가 필요하다. 특정한 대안에 대해 의식적으로 사고할 때에도 에너지가 필요하지만, 이럴 때의 사고는 덜 의식적이고 덜 통제된 사색적인 네트워크와는 다르다. 현실적인 네트워크가 주도하기 때문이다. 현재의 내가 행동을 취하고 의식적으로 행위에 대해 생각하며 나의 감정, 기억, 축어적 사실, 요지적 의미와 유연하게 소통한다.

신경과학자들은 이런 요소들이 함께 작용하는 방식을 보다 제대로 이해하기 위해 뇌 영상을 비롯한 다양한 기술을 사용해 왔다. 인간으로서 행동하면서 생각하고, 생각하면서 행동하는 능력의 가장 큰 개인차는 뇌의 각 부위 간 연결에 있다. 뇌의 부위 자체가 중요한 것이 아니다. 크기가 다르기는 하지만 여러 동물에게도 인간과 같은 뇌 부위가 있다. 뇌에서 중요한 것은 각 부위에 더욱 강력한 방식으로 접근하여 이를 활용할 수 있게 하는 수많은 연결과 네트워크다.

　나우이스트 사고방식의 뚜렷한 특징은 신경계가 더 유연하고, 개방적이며, 더 잘 연결되어 있다는 점이다. 두뇌 과학이 발전을 거듭하고 있기는 하지만, 유연성과 연결성의 장점은 변하지 않을 것이다. 이런 특징을 잘 활용하면 언제 사색적인 네트워크가 과열되는지 스스로 파악하는 데 도움이 된다. 사색적인 네트워크가 과열되면 스트레스와 걱정이 오래 지속되어 적극적이고 목적의식이 분명한 행동을 취하지 못하게 된다.

　누구나 어느 정도는 자신의 정신적인 능력에 대해 유연한 통제력을 발휘할 수 있다. 그것도 지금 당장 시작할 수 있다. 정신적인 능력을 이 책에 적힌 말들에 투영한 다음, 이 책의 주장에 의문을 제기하고 자신의 경험에 비추어 판단해볼 수도 있을 것이다. 나우이스트의 사고방식을 가지면 사색과 행동 사이를 효율적으로 오갈 수 있다.

나우이스트의
아이디어와 과학

이 책에서 설명하는 나우이스트의 사고방식은 여러 과학 이론과 연구 결과의 조합에 근거를 두고 있다. 나우이스트, 현재성 등의 개념과 이와 같은 근거 사이에 일대일 대응관계는 성립하지 않는다. 하지만 다양한 출처들에서 이 책에 나오는 핵심 개념을 어떻게 적용할 수 있는지 설명하고 이해하는 데 도움이 되는 단서를 제공한다. 이와 관련해 현명하고 획기적인 통찰력을 선보이는 여러 사상가들을 소개하도록 하겠다.

아리 크루글란스키 & 토리 히긴스 메릴랜드 대학교 & 컬럼비아 대학교 교수
전 세계의 수많은 연구자들이 우리의 행동에 이동 성향과

평가 성향이 어떻게 영향을 미치는지 설명하는 조절방식이론 Regulatory Mode Theory; RMT에 관심을 보이고 있다. 하지만 심리학 학술지를 즐겨 읽지 않는 사람들은 이 원리에 대해 아직 잘 알지 못할 것이다. 이 책을 통해 더 많은 사람들이 조절방식이론에 대해 접하게 되었으면 한다.

조절방식이론은 각자 다른 연구로도 명성이 높은 크루글란스키와 히긴스가 어느 날 오후 스키를 타다가 두 사람이 눈과 산, 자외선 차단제 등을 비롯한 모든 것에 상당히 다른 접근방식을 취한다는 것을 깨달은 후 착안한 이론이다. 조절방식이론은 '상황에 딱 맞는 일을 하는 것'과 '일단 그냥 하는 것' 사이의 차이, 행동하는 즐거움과 결정하지 못하는 데서 생기는 고통의 차이에 초점을 맞춘다.

스콧 딕먼 다트머스 대학교 교수

딕먼의 연구는 그가 일찍이 비극적인 죽음을 맞지 않았다면 훨씬 더 널리 알려졌을 것이다. 딕먼은 우리를 곤경에 빠뜨리는 역기능적 충동성과, 우리가 빠르고 침착하게 선택할 수 있도록 하는 기능적 충동성 사이의 중요한 차이를 연구하는 것으로 이 분야에 처음 발을 내딛었다. 이는 편안한 결정을 선호하는 나우이스트의 행동 특성을 설명하는 연구로, 텍사스 대학교에서 인간의 지각에 대한 현명한 실험을 실시하여 얻은 뜻밖의 결과를 세심하게 분석한 끝에 발견해냈다.

율리우스 쿨 맥스플랑크 심리학연구소

성격시스템 상호작용이론Personality System Interactions Theory을 연구한 쿨은 특정 상황에서 사람들이 반응하는 방식을 형성하기 위해 상호작용 하는 시스템에 대해 설명했다. 그에 따르면 '의도된 기억purpose memory'은 이성 감각을 제공하는 반면, '연장된 기억extension memory'은 자아 감각을 부여한다고 한다.

편안하게 긴장을 푼 상태에서 우리는 자아 감각과 조화를 이루는 행동을 취할 수 있다. 나우이스트는 힘든 상황에서도 편안한 상태를 유지하기 때문에 자아 감각에 따라 행동을 취할 가능성이 크다. 나우이스트의 성향을 이해하는 데 관심이 있는 사람은 쿨의 자기조절이론을 살펴보면 도움이 될 것이다.

쿨은 사람들의 자기조절 성향을 두 가지로 나눈다. 하나는 행동 지향성으로, 행동을 취하려는 성향과 그 행동을 효율적으로 조절하는 능력을 말한다. 다른 하나는 상태 지향성으로, 현재 상태와 과거와 현재, 미래의 잠재적인 상태 사이의 차이에 대해 우려하는 성향을 말한다. 크루글란스키와 히긴스가 말한 개념과 정확히 일치하지는 않지만 두 사람의 이론과 접목하여 살펴보는 것도 제법 유용하다. 예를 들어 나우이스트는 이동 성향이 강할 뿐 아니라 행동 지향성이 강한 사람이다. 행동하는 동시에 생각도 할 수 있다.

찰스 브레이너드 & 발레리 레이나 코넬 대학교 교수

어떤 사건을 세세히 기억하면서도 제대로 활용하지 못하고 아무것도 깨닫지 못할 때가 있다. 그런가 하면 어떤 사건에 대해 기억하는 사실이 거의 없거나, 기억하고 있다는 것을 의식하지 못하는데도 중요한 의미를 발견할 때가 있다. 이러한 차이점과 관련하여 브레이너드와 레이나는 소위 '모호흔적이론 Fuzzy Trace Memory'을 제시하여, 주로 사실을 기억하는 축어적 기억과 의미나 패턴을 기억하는 요지적 기억에 대해 설명한다.

우리에게는 이 두 가지 기억 능력이 모두 존재하지만, 어느 정도로 발달하는가는 사람에 따라 다르다. 나우이스트는 요지적 기억 능력을 사용하여 심층적이고 근원적인 패턴을 직관적으로 이해한다. 이들은 상황을 빠르게, 게다가 편안하게 이해하는 것처럼 보이지만 게으르거나 역기능적인 사고를 하지는 않는다.

마커스 라이클 워싱턴 대학교 의과 대학 교수

마커스 라이클은 처음에 자기공명영상Magnetic Resonance Imaging, 즉 MRI로 알려진 강력한 자기장을 통해 뇌 기능 검사가 가능하다는 사실을 발견했다. 그 후 기능적 MRI를 사용하여 우리 뇌에서 활성화되는 기본적인 모드인 디폴트 모드 네트워크를 발견하게 되었다.

우리의 뇌에는 항상 기본적으로 작동하는 모드가 있으며, 행동을 취하거나 선택을 할 때에는 주로 기본 모드 네트워크와 연계된 뇌의 각 부위가 비활성화된다. 디폴트 모드 네트워크는 다른 신경 네트워크와 결합하여 뇌의 연결성과 유연성이 우리를 더욱 인간답게 만들 수 있는 더 좋은 방법을 제시하려 한다. 라이클은 가능성을 상상하여 미래의 자아가 원하는 대상과 비교할 수 있게 하는 우리 이면의 능력이 창조성, 생존, 행위에 결정적인 영향을 미친다고 강조한다.

감사의 말

이 책이 나오기까지 많은 분들이 이 책의 주장을 견고하게 다듬어주고, 꾸준히 나아갈 수 있도록 내게 큰 힘을 주었다. 내 주변에는 나우이스트의 살아 있는 표본이 되어 이 책의 아이디어를 떠올리는 데 도움을 준 사람들이 있다. 이들은 좀처럼 멈추지 않고 끊임없이 나아가며 절대 물러서지 않는다. 너무 탁월해서 실제로 존재한다고 믿기 힘들어할 것 같아 이 책에 인용하지 못한 사람도 있다. 하지만 그들은 실제로 존재하고, 독창적이고, 또 놀랍다. 누구나 그렇게 대단한 사람을 한 명쯤은 알고 있을 것이다.

이 책에서 논의한 연구를 위해 여러 심리학자와 과학자들이 내가 글을 쓰는 동안 많은 시간과 의견을 보태주었다. 아리 크루글란스키, 스테판 조셉, 조스린 베란거, 발레리 레이나, 아담 갈린스키, 매건 맥도너, 에드 스터플, 테리 코널리, 제이슨 맥킨타이어, 데이비드 스트레이어, 조나단 스쿨러, 칼 혼네, 게리 클라인, 필립 데틀록 등의 연구는 신속하고 정밀한 조정을 통해 빠르게 나아가는 것을 돕도록 예측하는, 독보적으로 빠른 슈퍼 예측가들의 존재에 대한 논의로 이어졌다. 감정을 조절하고 꾸준히 나아가는 방법에 대한 지식을 더해준 통찰력 있는 연구를 진행한 모든 이들에게도 감사를 전한다.

나의 총명한 딸 브론테가 몇 차례 초고를 꼼꼼히 읽어주었는데, 브론테는 뉴욕 대학교와 영국에서 심리학 연구를 병행하면서도 시간을 연장해 나를 응원해주고 유용한 피드백을 해주었다. 또한 원고를 윌 스트로슨, 나일 커크햄, 로스 존슨, 벤 피카드, 앤디 와이트에게 보여주고, 포스터와 다이어그램으로 이들의 의견을 받기도 했다.

나의 정말 멋지고 유능한 아들 잭 역시 초고를 읽고 피드백을 주었다. 특히 단어 선택에 큰 도움을 주었는데, 수업을 듣고 여름에 코펜하겐으로 떠날 준비를 하는 사이에 해준 일이다. 큰 아들 루벤은 차분한 기능적 충동성의 표본이 되어주었다. 막내아들은 매일 아침 함께 학교로 걸어가거나 이 책에 적합한 아이디어가 떠오를 때마다 매번 의견을 제공해주었다. 우리는 서로에게 "멋진 하루 보내고, 할 수만 있다면 오늘도 살아남아"라고 말하며 격려했다. 그러면서 정체되지 않고 앞으로 나아가는 즐거움을 포용했다.

이 책의 아이디어에 공감해주고 일상생활에 직접 적용한 가족과 친구, 고객들에게도 감사를 전한다. 나의 목표는 나우이스트의 사고방식을 나와 내가 사랑하는 사람들, 그리고 다른 사람들이 그들의 관점과 행위의 일부에 접목하도록 독려하는 것이었다. 그들은 내 책의 아이디어가 매우 유용하다고 말했다. 나우이스트의 개념은 의심의 여지없이 매우 힘든 상황에서도 내가 일을 시작하고 꾸준히 착수하도록 도와주었다.

편집자 루시 워버튼은 앞으로 나아가면서 사는 삶이 가장 훌륭하다고 열정적으로 믿는 사람이다. 루시는 내 아이디어를 처음 접하고 프랑스까지 연락을 취해 내게 이 책을 써야 한다는 확신을 주었다. 그녀는 몇 달 동안 변치 않는 확신으로 나를 구슬리고 설득하여 내가 글을 쓰고 연구할 장소를 찾아 나서게 만들었다. 그녀는 차분하고도 완고하게 "내일 아침까지 원고를 보내주면 제 내면의 나우이스트를 자극하는 즐겁고 효율적인 방식이 될 것 같아요"라고 말하곤 했다.

발로 택시, 역, 공항과 해변에서 움직이는 동안 엄지손가락으로 휴대전화 워드에 글을 쓸 수 있게 해준 혁신과 진화에도 감사한다.

감사의 글에 실리고 싶지 않다고 하긴 했지만 나의 가장 현명하고 열렬한 지지자를 언급해야만 할 것 같다.

"바라는 대로 누구라고는 밝히지 않았어."

서문

1 인간은 영원히 살지 못하기 때문에 현재를 최대한 즐기고 활용하는 것의 중요성은 시의 구절이나 격언, 속담, 노래 가사에 끊임없이 등장한다. '인생은 오직 한 번뿐You Only Live Once'이라는 의미의 약어인 '욜로YOLO'는 최근 캐나다 출신 래퍼 닉 드레이크를 통해 널리 알려졌다. 하지만 사실 이미 165년 전에 오스트리아의 작곡가이자 지휘자 요한 슈트라우스가 독일어로 정확히 같은 의미의 〈인간은 오직 한 번 산다Man Lebt Nur Einmal!〉라는 제목으로 왈츠를 발표했다. 이 밖에 현재를 놓치고 싶지 않다는 두려움Fear of Missing Out을 뜻하는 '포모FOMO'라는 말과 약 2,000년 전 로마의 시인 호라티우스가 만든 전통적인 라틴어 문구 '카르페 디엠(Carpe Diem, 오늘을 즐겨라)'이라는 말도 있다. 호라티우스가 남긴 말의 의미는 내일 일은 알 수 없으니 오늘 행동하는 것이 더 좋다는 뜻이다.

제1장 꾸준히 나아가려면 속도가 필요하다

2 Dickman, S. J.(1985), 'Impulsivity and perception: individual differences in the processing of the local and global dimensions of stimuli' *Journal of Personality and Social Psychology*, 48(1),

p.133.

3 Dickman, S. J.(1990), 'Functional and dysfunctional impulsivity: personality and cognitive correlates' *Journal of Personality and Social Psychology*, 58(1), p.95.

4 Higgins, E. T. & Kruglanski, A. W.(1995), 'A theory of regulatory modes: When locomotion versus assessment is emphasized' unpublished manuscript, Columbia University, New York.

크루글란스키는 오랜 기간 공동 연구자였던 토리 히긴스와 스키장 정상에서 몸이 얼어붙을 것 같은 눈보라 속에 있을 때 이 아이디어를 처음 떠올렸다고 필자에게 말했다. 크루글란스키는, "나는 기상 상태를 보고 쏜살같이 산 아래로 내려올 준비를 했다"고 설명했다. 하지만 히긴스는 가혹한 추위에도 불구하고 스트레칭을 한 다음, 장갑과 스키, 부츠, 고글을 고쳐 썼다. 그리고 경사로에서 내려갈 수 있는 최상의 경로를 탐색했다. 이후 따뜻한 술집으로 들어간 두 사람은 이와 같은 행동의 개인차를 일으키는 원인이 무엇인지 토론했다. 당시의 토론은 일반적인 성향 이론으로 이어졌고, 평가와 이동 성향을 설명하는 대단히 중요한 이론으로 발전했다.

5 Kruglanski, A. W., Thompson, E. P., Higgins, E. T., Atash, M., Pierro, A., Shah, J. Y. & Spiegel, S.(2000), 'To "do the right thing" or to "just do it" locomotion and assessment as distinct self-regulatory imperatives', *Journal of Personality and Social Psychology*, 79(5), p.793.

6 이 상의 정식 명칭은 '노벨 기념 경제학상'이며, 2002년 대니얼 카너먼과 버논 스미스가 공동 수상했다. 수십 년간에 걸친 카너먼의 경험적 연구는 경제학자들이 인간의 이성에 대해 만든 전통적인 가설이 정확한가를 문제시했다. 파트너인 아모스 트버스키(1966년에 사망하여 상을 받지는 못했다)와의 의견 충돌에서 주로 착안된 일련의 명석한 연구에서 카너먼은 인간의 추론에 대해 가정된 내용과 실제 내용에 여러 가지 차이가 있음을 증명했다. 경제적 합리성economic rationality에서 출발한 몇 가지 발견은 미개한 수준의 인간 추론에 상당히 익숙한 심리학자들에게 그리 놀랍지 않았다. 또 다른 발견은 마술 묘기가 조금 더 진척된 것에 불과하다는 비난을 받기도 했다. 두 사람이 인간 추론의 맹점이나 편견을 명확하게 입증한 것은 사실이지만, 그렇다고 해서 인간 추론이 완전히 불합리하지는 않다. 적어도 사람들이 어울리며 살아가고 있는 실제 환경에서는 아니다. 게르트 기거렌처와 같은 비평가의 말처럼 지금까지 인간 추론 시스템은 충분히 제몫을 했으며, 인간 선호도의 본성과 현실 사회에서 실시간으로 살아가며 판단해야 하는 필요성을 고려하여 얼마나 자주 바람직한 결과를 도출했는지는 생태적 합리성ecological rationality에 따라 판단해야 한다.

베스트셀러 《생각에 관한 생각》에서 카너먼은 스스로를 '편향bias'이라고 부르고, 다른 사람들은 '특성feature'이라고 하는 인간 추론에 대해 상당히 긴 목록을 제시했다. 그는 편향에서 체계적 오류systematic error가 생기고, 우리가 생각을 할 때 시스템 2(느리고 신중한 사고 시스템)가 작동하게 하지 않고 시스템 1(나태하고 빠른 직관 시스템)을 따르도록 내버려둘 때 편향과 오류가 발생한다고 주장했다. 조금만 더 노력을 기울이면 어떤 대상에 대해, 특히 그 대상이 얼마나 설득력이 있는지에 대해 정확히 알 수 있는데도 우리는 더 편안한 선택을 따르가기 일쑤다. 어떤 사람들은 딕먼의 역기능적 충동성이나 크루글란스키의 이동 성향이 강한 사람들처럼 얼마든지 더 적은 노력을 들여 덜 정확한 결과를 얻거나, 더 적은 노력으로 더 빠른 결과를 얻으려 한다. 하지만 나우이스트는 대개 분명 더 적은 노력으로도 더 정확한 결과를 도출한다.

7 Jaffe, E.(2004), 'What Was I Thinking? Kahneman Explains How Intuition Leads Us Astray' *APS Observer*, 17(5), pp.24–26.
이 논문에서 에릭 자페는 2004년 3월 국립보건원에서 카너먼이 그의 실험에서 사람들이 범하는 몇 가지 계산상의 결함에 대해 설명한 내용을 보고했다. 카너먼은 또 '우리의 정신세계는 대부분 비교적 편안한 쪽을 선택하려 한다'는 점을 지적하고, '본능에 따라 우리의 판단을 그르칠 상황에 대해 인지'하려 노력해야 한다

252

고 말했다.

이 대목에서 그는 현실 사회의 판단 또는 자연주의적 의사결정의 옹호자 게리 클라인과 권위 있는 잡지 〈American Psychologist〉에 발표한 2009년의 논문으로 되돌아간다. 두 사람은 이 논문에서 직관적 전문지식의 조건에 관한 연구에 착수했고, 반대 의견을 제기하려던 시도가 실패했다는 것을 선언했다.

Kahneman, D. & Klein, G.(2009), 'Conditions for Intuitive Expertise: A Failure to Disagree' *American Psychologist*, 64(6), p.515.

8 명석한 저서 《느린 것이 아름답다》에서 칼 오너리는 음악 용어인 '템포 기우스토'를 사용했다. 템포 기우스토의 목적은 '최대한 빠른 속도가 항상 제일 좋다고 가정하는 것이 아니라 지휘자, 오케스트라, 솔로 연주자들을 설득하여 알맞은 속도를 찾아내는 것'이다. 오너리는 또 고유의 언어와 고유의 속도를 따르자는 독일의 아이겐자이트eigenzeit 운동을 언급하며, "진정으로 살아 있는 존재에는 각자 고유한 시간 혹은 속도가 있다"고 주장했다. 누구나 고유의 속도가 있다는 오너리의 주장에는 통찰력과 호소력이 깃들어 있다.

제2장 꾸준히 나아가는 과정을 즐겨라

9 Furtner, M. R., Rauthmann, J. F. & Sachse, P.(2013), 'Unique self-leadership: A bifactor model approach' *Leadership*, 1742715013511484. http://lea.sagepub.com/ content/ early/2013/11/18/17427150135114 84. abstract

Lucke, G. A. & Furtner, M. R.(2015), 'Soldiers lead themselves to more success: A self-leadership intervention study' *Military Psychology*, 27(5), p.311. http://psycnet.apa. org/journals/ mil/27/5/311/

Panagopoulos, N. G. & Ogilvie, J.(2015), 'Can salespeople lead themselves? Thought self-leadership strategies and their influence on sales performance' *Industrial Marketing Management*, 47, pp.190–203. http:// www.sciencedirect.com/science/article/ pii/S0019850115000784

10 이는 20세기 최고의 심리학자 중 한 명인 코넬 대학교의 제임스 깁슨James Gibson이 제안한 개념과 무척 유사하다. 그는 특정 환경에서의 행동을 위한 계기를 설명하는 용어로 '어포던스(affordance, 어떤 상황과 사물의 인상이 자연스럽게 특정 행동으로 이어지는 현상을 뜻하며 행동유도성, 행동유발성이라고도 함)'를 사용한다. 훗날 윌리엄 가버는 우리가 인지할 수 있는 행동의 계기인 '지각된 어포던스perceived affordance', 존재하지만 인지할 수 없는 '숨겨진 어포던스hidden affordance', 결국 잘못된 행동으로 이끄는 계기로 판단되는 '잘못된 어포던스false affordance'로 분류할 수

있다고 주장했다.

11 Avnet, T. & Higgins, E. T.(2003), 'Locomotion, assessment, and regulatory fit: Value transfer from "how" to "what"' *Journal of Experimental Social Psychology*, 39(5), pp.525-530.

12 이는 심리적 웰빙으로 알려져 있으며, 심리적 웰빙에는 자율성, 환경에 대한 통제력, 삶의 목적, 성장, 긍정적인 인간관계, 자아 수용성에 관련된 여섯 가지 차원이 있다. 첫 번째 세 차원은 에드워드 데시와 리차드 라이언의 자기 결정성 이론Self-Determination Theory을 바탕으로 동기의 중요성을 설명한 다니엘 핑크의 책 《드라이브》를 읽어본 독자들에게 익숙할 것이다. 심리적 웰빙은 캐롤 리프가 개발했으며, 1989년 발표되었다. 리프는 심리적 웰빙을 또 다른 행복의 척도인 주관적 웰빙subjective well-being과 대조하는데, 주관적 웰빙은 전반적으로 긍정적인 감정 또는 부정적인 감정을 느끼는지와 별개로 사람들이 어떻게 삶을 경험하는지 조사한다.

Ryff, C. D.(1989), 'Happiness is everything, or is it? Explorations on the meaning of psychological well-being' *Journal of Personality and Social Psychology*, 57(6), p.1,069.

13 Kupor, D. M., Tormala, Z. L. & Norton, M. I.(2014), 'The allure of unknown outcomes: Exploring the role of uncertainty in the preference for potential' *Journal of Experimental Social Psychology*, 55, pp.210-216 ; Tormala, Z. L.(2016), the role of certainty (and uncertainty) in attitudes and persuasion' *Current Opinion* in Psychology, 10, pp. 6-11.

해당 지면에서는 불확실성을 지향하고 가능성을 사랑하는 사람들에게 영향을 미치기 위해 불확실성이 '전략적으로 추가'되었다고 주장한다. 이 책과 관련하여 더욱 중요한 사실은, 나우이스트는 그저 기록을 맹신하기보다 더욱 흥미로운 가능성에 초점을 맞추어 그들 자신에게 영향을 끼칠 수 있고, 더불어 꾸준히 앞으로 나아갈 수 있도록 스스로 독려한다는 점이다.

14 존 앳킨슨은 미시간 대학교에서 35년 동안 연구한 심리학자로, 어떤 사람들은 왜 더 쉽고 덜 도전적인 업무를 성공적으로 끝낸 후에도 더욱 어렵고 값진 도전을 시도하려 하지 않는지 연구했다. 앳킨슨의 의문에서 왜 어떤 사람들은 성공하고 싶어 하고, 또 어떤 사람들은 실패를 피하려 노력하는지 분석하는 '성취 동기 이론theory of achievement motivation'이 시작되었다. 나우이스트는 성공 지향적이다. 열심히 노력한 후 성공하는 것에서 비롯되는 즐거운 보상을 원하기 때문이다. 나우이스트는 모험과 도전을 사랑한다.

일부 심리학자들은 성공적으로 업무를 마치는 데서 생기는 성취감을 느낄 수 있다는 이유로 성공 지향적인 사람들이 중간 난이도의 작업을 선택할 것이라고 주장한다. 하지만 성공 지향적인 사람들은 너무 어려워서 성공하지 못할 것 같은 업무를 하고 싶어 했다. 그리고 너무 쉬워서 성공했다는 느낌을 별로 느낄 수 없는 업무도 하고 싶어 했다.

리차드 소렌티노와 동료들은 이후 연구에서 왜 어떤 사람들은 어려운 업무를 택하고, 또 어떤 사람들은 쉬운 업무를 택하며, 또 다른 사람들은 중간 난이도의 업무를 선택하는지 살펴보았다. 그리고 사람들로 하여금 어떤 선택을 하게 만드는 동기는 단지 기분이 좋거나 나쁘다는 느낌에서 오는 것이 아니라 새로운 자기 이해를 얻게 하거나, 기존의 자기 이해를 유지하는 데 도움이 되는 경로에서 비롯된다고 주장했다.

Sorrentino, R. M.(2012), 'Uncertainty orientation: A theory where the exception forms the rule' *REME*, 1576, p.4, 214.

15 현재 170억 달러(한화 약 18조~19조 원) 이상의 자산을 보유한 머스크는 얼마 전 최신 전기 자동차 36만 5,000대의 선주문을 받았다. 테슬라 모델3은 약 3만 5,000달러로 가장 저렴한 테슬라 차량이 될 것이다. 머스크는 또 재활용 로켓이 무사히 수상 플랫폼에 안착하는 것을 흥미롭게 지켜보았으며, 우주 비행사를 우주로 보내겠다는 NASA와의 계약에도 서명했다. 화성을 사람이 살 수 있는 곳으로 만든다는 계획은 아직 실현되지 않았지만, 세간의 주목을 받고 있다. 화성에는 미지의 공간이 무척 많다. 화성은 지구와 2억 5,000만 마일 떨어져 있으며, 지구처럼 만들 수 있는 공간은 약 5,500만 평방 마일이다. 머스크가 현재 주력하고 있는 공간이기도 하다.

16 Amato, C., Pierro, A., Chirumbolo, A. & Pica, G.(2014), 'Regulatory modes and time management: How locomotors and assessors plan and perceive time' *International Journal of Psychology*, 49(3), pp.192-199.

17 이들은 다른 사람들이 자신을 어떻게 비판하는지에 집중하는 경향이 있다. 그들의 미래의 자아가 스스로 한 일을 비판할 만한 모든 가능성에 대해서도 아주 많이 생각한다. 그들은 미래에 대해 산만하면서도 느린 방식으로 생각해 미래에 후회하게 될 상황, 하지도 않은 행동에 관련된 수치심을 겪으며 전반적으로 고통을 느낀다. 그렇게 고통스러워하면서도 노력은 하지 않는다. 그들의 정신적 시간 여행이 너무 모호해서 그 어떤 구체적인 지침도 얻을 수 없기 때문이다. 미래에 생길 좋은 일에 대해 생각할 때조차 그저 환상에 그치는 쪽으로 치우치기 쉽다. 이는 잠깐의 도피나 습관적인 기분 전환이 될지는 몰라도, 실제로 앞으로 나아가는 데에는 그리 도움이 되지 않는다.

역기능적 충동성이 있는 사람들은 일을 빠르게 하기는 하지만 분리된 방식으로 처리한다. 자신이 어디 있는가(현재 상태)와 앞으로 어디에 있게 될지(미래 상태)의 차이에 대해 걱정하는 편이라면 두 배로 어려움을 겪는 셈이다. 미래와 현재가 분리되어 있고, 간극의 존재에 대해 걱정하느라 실질적으로 앞으로 나아가며 다리를 만들거나, 급류를 따라잡거나, 협곡을 건너거나, 산을 올라가지 못한다. 내면의 나우이스트와 함께 앞으로 나아가지 못한다면 정체되거나 길을 잃게 될 것이다.

18 Pierro, A., Giacomantonio, M., Pica, G., Kruglanski, A. W. & Higgins, E. T.(2013), 'Locomotion and the preference for multi-tasking: Implications for well-being' *Motivation and Emotion*, 37(2), pp.213–223.

19 Coviello, D., Ichino, A. & Persico, N.(2014), 'Time allocation and task juggling'
The American Economic Review, 104(2), pp.609–623.

20 O'connor, P. J. & Jackson, C.(2008), 'Learning to be saints or sinners: The indirect pathway from sensation seeking to behavior through mastery orientation' *Journal of Personality*, 76(4), pp.733–752; Jackson, C. J.(2011), 'How sensation seeking provides a common basis for functional and dysfunctional outcomes' *Journal of Research in Personality*, 45(1), pp.29–36.

21 Smillie, L. D. & Jackson, C. J.(2006), 'Functional impulsivity and reinforcement sensitivity theory' *Journal of Personality*, 74(1), pp.47–84.

22 Heyes, S. B., Adam, R. J., Urner, M., van der Leer, L., Bahrami, B., Bays, P. M. & Husain, M.(2012), 'Impulsivity and rapid decision-making for reward' *Frontiers in Psychology*, 3, p.153.

23 Rutt, J. L. & Löckenhoff, C. E.(2016), 'From past to future: Temporal self-continuity across the life span' *Psychology and Aging*; Blouin-Hudon, E. M. C. & Pychyl, T. A.(2015), 'Experiencing the temporally extended self: Initial support for the role of affective states, vivid mental imagery, and future self-continuity in the prediction of academic procrastination' *Personality and Individual Differences*, 86, pp.50–55; Adelman, R. M., Herrmann, S. D., Bodford, J. E., Barbour, J. E., Graudejus, O., Okun, M. A. & Kwan, V. S.(2016), 'Feeling closer to the future self and doing better: Temporal psychological mechanisms underlying academic performance' *Journal of Personality*; Macrae, C. N., Mitchell, J. P., Tait, K. A., McNamara, D. L., Golubickis, M., Topalidis, P. P. & Christian, B. M.(2015), 'Turning I into me: Imagining your future self' Consciousness and Cognition, 37, pp.207–113; Oyserman, D., Destin, M. & Novin, S.(2015), 'The context-sensitive future self: Possible selves motivate in context, not otherwise' *Self and Identity*, 14(2), pp.173–188.

24 Tu, Y. & Soman, D.(2014), 'The categorization of time and its impact on task initiation' *Journal of Consumer Research*, 41(3), pp.810–822.

25 Rosenbaum, D. A., Gong, L. & Potts, C. A.(2014), 'Pre-crastination hastening subgoal completion at the expense of extra physical effort' *Psychological Science*, 0956797614532657; Richter, M.(2015), 'Commentary: Pre-crastination: hastening subgoal completion at the expense of extra physical effort' *Frontiers in Psychology*, p.6. Wasserman, E. A. & Brzykcy, S. J.(2015), 'Pre-crastination in the pigeon' *Psychonomic Bulletin & Review*, 22(4), pp.1,130–1,134.

26 Arbulu, A., Usabiaga, O. & Castellano, J.(2015), 'A time motion analysis of lead climbing in the 2012 men' and women' world championship finals' *International Journal of Performance Analysis in Sport*, 15(3), pp.924–934.

27 Pica, G., Amato, C., Pierro, A. & Kruglanski, A. W.(2015), 'The early bird gets the worm: On locomotors' preference for morningness' *Personality and Individual Differences*, 76, pp.158–160.

28 로버트 발레랑은 다니엘 핑크의 베스트셀러 《드라이브》로 더욱 유명해진 라이언 그리고 다시와 더불어 지난 40년 동안 동기 분야 방면의 연구에서 가장 영향력 있는 연구를 수행한 캐나다 심리학자다. 발레랑의 최근 연구는 열정에 대한 이원론적인 이론으로, 강박적인 열정과 조화로운 열정의 차이점을 설명하고 있다. 좀처럼 열정을 보이지 않는 사람이 있는가 하면, 다른 수준과 성향의 열정을 경험하는 사람들도 있다. 그의 연구에 대해서는 다음의 논문들에서 더 자세히 접할 수 있다.

Theory, research, and implications for the field of education' in Liu, Woon Chia, Wang, John Chee Keng & Ryan, Richard M.(eds), *Building Autonomous Learners*, pp.31–58. Springer Singapore; Vallerand, R. J., Salvy, S. J., Mageau, G. A., Elliot, A. J., Denis, P. L., Grouzet, F. M. & Blanchard, C.(2007), 'On the role of passion in performance' *Journal of Personality*, 75(3), pp.505–534; Vallerand, R. J., Blanchard, C., Mageau, G. A., Koestner, R., Ratelle, C., Léonard, M. & Marsolais, J.(2003), 'Les passions de l'me: on obsessive and harmonious passion' *Journal of Personality and Social Psychology*, 85(4), p.756; Moeller, J., Keiner, M. & Grassinger, R.(2015), 'Two sides of the same coin: Do the dual types of passion describe distinct subgroups of individuals?' *Journal of Person-Oriented Research*, 1(3), pp.131–150.

29 Bélanger, J. J., Pierro, A., Kruglanski,

A. W., Vallerand, R. J., De Carlo, N. & Falco, A.(2015), 'On feeling good at work: The role of regulatory mode and passion in psychological adjustment' *Journal of Applied Social Psychology*, 45(6), pp.319-329.

30 Van Putten, Marijke, Marcel Zeelenberg, Eric van Dijk, and Orit E. Tykocinski, 'Inaction inertia' *European Review of Social Psychology* 24, no. 1(2013): pp.123–159; van Putten, M., Zeelenberg, M. & van Dijk, E.(2010), 'Who throws good money after bad? Action vs. state orientation moderates the sunk cost fallacy' *Judgment and Decision Making*, 5(1), p.33; Zeelenberg, M., Nijstad, B. A., van Putten, M. & Van Dijk, E.(2006), 'Inaction inertia, regret, and valuation: A closer look' *Organizational Behavior and Human Decision Processes*, 101(1), pp.89–104.

제3장 편안하게 생각하며 빠르게 행동하라

31 Evans, A.(2016), *Fuzzy-Trace Theory And The Neural Basis Of The Framing Effect In Adolescents*, Cornell Theses and Dissertations.

32 모호흔적이론은 원래 발레리 레이나와 찰스 브레이너드가 제안한 사고 및 기억 모델이다. 두 사람은 모두 코넬 대학교 인간신경과학연구소에서 일하는 신경과학자다. 레이나와 브레이너드는 모호흔적이론을 1990년대에서 부활한 새로운 직관주의로 소개하고 있으며, 해당 이론은 이중정보처리 모델로 설명할 수 없는 실증적인 결과를 설명한다.

33 Brainerd, C. J. & Reyna, V. F.(1990), 'Gist is the grist: Fuzzy-trace theory and the new intuitionism' *Developmental Review*, 10(1), pp.3–7.

34 Parasuraman, R. & Jiang, Y.(2012), 'Individual differences in cognition, effect, and performance: Behavioral, neuroimaging, and molecular genetic approaches' *Neuroimage*, 59(1), pp.70–2.

35 이 내용은 케빈 미첼이 〈가디언〉 지 2016년 5월 21일자에서, 모레스모가 더 이상 머레이와 함께 일하지 않는 것을 논의한 기사에서 발췌했다. 모레스모는, "앤디는 참 복잡하다. 코트 위의 모습이 코트 밖의 모습과 정반대일 때도 있다. 그래서 혼란스러웠다"라고 말했다. 머레이는 좀처럼 감정을 주체하지 못하며 말하다가 다시 감정을 추스르곤 했기 때문에 여러 모로 그의 승리는 참으로 인상적이다.

Source: https:// www.theguardian.com/ sport/2016/may/21/ andy-murray-amelie-mauresmo-on-court behaviour-split

36 앤디는 그의 적수가 '물리적으로 거의 무너진 것이나 다름없는' 상태였음에도 불구하고 노박 조코비치에게 네 번째로 패한 후 2015년 2월 〈메일 온 선데이

Mail on Sunday〉지와의 인터뷰에서 이렇게 밝혔다. 그는 심리학자들이나 정신과 의사들과의 작업에서 마음이 작동하는 방식, 예를 들어 어떤 면에서는 폭발적인 감정이 자연스럽다는 것에 대해 배운 적이 없다고 말했다. 하지만 자신을 향해 소리 지르다가 팀원들을 향해 고함을 칠 때의 감정이 '자기 파괴적'이라는 것은 알고 있었다.

37 파라슈라만과 그의 동료들은, 우수한 성과를 내는 사람들은 후방 쐐기앞소엽의 활동성이 줄어든다는 사실을 발견했다. 쐐기앞소엽은 우리 뇌의 외층 혹은 피질의 뒤 안쪽 방향에서 찾을 수 있는 작은 부분이다. 이 책의 다른 곳에서도 논의한 최근의 한 연구에서는 쐐기앞소엽을 디폴드 모드 네트워크의 일부라고 보았다. 디폴드 모드 네트워크는 '항상 커져 있고 항상 작동하는' 중요한 역할을 담당하며 제법 유용한 것처럼 보이지만 결국 유용한 모든 행위를 압도하거나, 바람직한 결과를 향한 편안한 움직임에서 즐거움을 느끼지 못하게 한다.

38 Sartre, J. P.(1987), 《*Huis clos*》, Psychology Press. (장 폴 사르트르, 《닫힌 방》, 민음사, 2013.)

39 AFP가 스피스의 행동 양상을 설명한 방식도 이와 유사하다. 열 번째 티로 걸어가면서 조던 스피스의 표정은 아주 침착해 보였고, 마스터즈 골프를 완전히 장악한 것 같았으며, 필드에서 다섯 홀을 성공시켰다. 하지만 20분쯤 후 두 홀이 남고 아멘 코스(난이도가 높은 11-13번의 세 홀을 지칭하는 말)를 진행 중일 때 스피스의 상태는 엉망진창이었고, 그의 캐디 마이크 그렐레에게 "친구, 이제 우린 망한 것 같네"라고 말했다.

40 나우이스트는 했어야 하는 일이나, 아무것도 하지 않아 생겼을지도 모르는 일에 대해 많이 걱정하지 않는다. 그리고 행동을 취하지 않아 걱정하는 경우도 드물다. 자신이 취한 행동의 결과로 괴로워하고 불안해하는 사람들은 나우이스트와 정반대다. 만약 이들처럼 사고하기 시작하면 행동을 취할 가능성이 점점 더 줄어든다. 상당히 안타까운 일이다. 모든 조건이 동등하다고 할 때 상황을 개선시키기 위해 진정 믿을 수 있는 것은 우리 자신의 행동뿐이기 때문이다. 물론 나우이스트는 행동을 취하고 이득을 얻는다.

41 대학 선수들이 전문 스카우트에게 기량을 선보이는 1주일간의 행사인 NFL 스카우팅 컴바인에서 40야드 대쉬(약 37m)에 대한 평균 시간은 와이드 리시버(공격 라인의 몇 야드 바깥쪽에 위치하는 선수)가 4.55초, 오펜스 가드(센터의 양쪽에 위치하는 선수)는 5.36초다. 야구와 축구 모두에서 뛰어난 선수였던 보 잭슨은 체중이 85kg으로 40야드를 4.13초에 돌파한 것으로 알려져 있다(도움닫기 출발의 혜택을 받기는 했다). 블로거 토머 코헨 Tomer Cohen이 종합한 2013년 시즌의 공식 데이터에 따르면 가장 육중한 NFL 선수들의 평균 체중은 136kg이다.

42 'The Rule of 26–7–0 helps predict NFL quarterback success or failure'

CNN, 8 July 2010.

43 Welter, J. C.(2013), 'The Wonderlic Classic Cognitive Ability Test as a measure of player selection and success for Quarterbacks in the National Football League'(Doctoral dissertation, Capella University).

44 Hickmann, S. A.(2004), 'Impulsivity as a Predictor of Athletic success and Negative Consequences in NFL football players'(Doctoral Dissertations Available from Proquest). Paper AAI3136735. http:// scholarworks.umass.edu/ dissertations/ AAI3136735

45 플랭커 테스트_Flanker Test_로 알려진 이 테스트에는 참가자들에게 한 줄로 된 글자들을 나눠주는 과정이 포함된다. 줄의 가운데 있는 글자 양 측면에 글자들이 배치되어 있다. 양옆의 글자들이 같은 경우 일치하는 문자열, 다를 경우 불일치하는 문자열로 알려져 있다. 이 특정 실험에서 참가자들은 3×3 글자 조합이거나, 중간 글자와 일치하거나 일치하지 않는 조합으로 되어 있는 다양한 플랭커 테스트를 받았다. 일반적으로 일치하는 글자의 조합은 더 빨리 인식된다. 이 실험에서도 같은 결과가 나왔다.

46 De Lange, M.A. & Van Knippenberg, A., 'To err is human: How regulatory focus and action orientation predict performance following errors' *Journal of Experimental Social Psychology*, Elsevier, 2009, 45 (6), p.1,192.

47 심리학자들은 성공과 실패에 있어 이와 같은 관심의 차이를 다양한 방식으로 언급한다. 이 차이는 더 좋은 일이 생기기를 원하는 발전과 나쁜 일이 생기지 않게 막는 예방 사이의 차이점으로 설명되기도 한다. 혹은 나쁜 일이 생기지 않게 피하는 회피와 더 좋은 것을 얻으려는 접근 지향의 맥락에서 설명될 때도 있다. 두 가지를 조합해보면 어떤 사람들은 (소극적으로) 나쁜 일을 피하는 반면, 어떤 사람들은 나쁜 일이 생기지 않도록 적극적으로 노력한다는 것을 알 수 있다. 나우이스트는 본능적으로 좋은 것을 적극적으로 찾아 나선다. 지금 이 순간 더 좋은 일이 생기길 바란다.

48 일련의 실험을 통해 컬럼비아 대학교의 심리학자 바비 휠저Barbie Huelser와 자넷 메트컬프는 한 실험에서 실수를 하는 행위가 이후 계속되는 실험에서 정확한 답을 하기 위한 기억을 향상시킨다는 것을 증명했다. 실수로 두 단어가 한 쌍을 이루지 않는다고 생각했던 참가자들은 그들이 잘못 판단했던 두 단어가 한 쌍이라는 사실을 기억했다. 이는 전반적으로 요지적 기억에서 비롯되는 것처럼 보인다. 실험 참가자들이 과거의 실수로 인해 오히려 더 잘 기억하게 되었다는 것을 알지 못했기 때문이다.

Huelser, B. J. & Metcalfe, J.(2012), 'Making related errors facilitates learning, but learners do not know it' *Memory & Cognition*, 40(4), pp.514–27.

49 나우이스트는 다음 네 가지 이유로 더 빨리 결정하는 것을 선호한다. 첫째, 앞으로 나아가는 것을 좋아하므로 유연하게 앞으로 나아가는 행동을 취하게 하는 것은 무엇이든 자연스럽게 활용한다. 둘째, 지금 기회를 붙잡으면 훗날 더 좋은 결과가 생긴다는 것을 안다. 셋째, 여러 가지 행동을 취하면 손해를 보기보다 이익을 얻을 가능성이 높다는 것을 안다. 넷째, 재능과 경험을 통해 주변 사람들보다 빨리 결정하고 더 좋은 기회를 만들어내는 데 뛰어나다. 나우이스트에게 속도를 늦추는 것은 그들의 능력을 낭비하는 것이다.

50 Connolly, T.(1999), 'Action as a fast and frugal heuristic' *Minds and Machines*, 9(4), pp.479–496.

51 Klein, G. & Wright, C.(2016), 'Macrocognition: From theory to toolbox' Frontiers in Psychology, 7, p.54.

52 https://www.theguardian.com/football/2012/may/17/ wayne-rooney-visualisation-preparation

53 'Is Steph Curry the best shooter ever? Yes, say many of NBA' all-time marksmen' Bleacherreport.com. 1 June 2015. Retrieved 1 June 2015.

54 블라드미르 말라코프는, 블릿트 체스 혹은 빠른 체스는 '시간 낭비'라고 말했고, 보비 피셔는 '영감을 말살시킨다'고 불평했으며, 나이젤 쇼트는 더욱 신랄하게 '뇌를 갉아먹는다'고 주장했다.

55 최고의 체스 기사이자 빠른 체스를 배우는 학생인 팔 벤턴에 따르면 "데이비드 브론스타인과 탈리는 최고의 공격수이며, 대부분의 체스 조합은 예전 시합에 대한 체스 기사들의 기억에서 영감을 받는다"고 한다.

56 역사상 가장 긴 체스 게임은 1989년 이반 니콜릭과 고란 아르소빅 사이에서 20시간 넘게 계속되었다. 문제의 게임은 두 기사가 269개의 수를 둔 후 끝났다.

57 Tal, M. & Neat, K. P.(1976, 1997), 'The life and games of Mikhail Tal' *Everyman Chess*(2nd revised edition).

58 25년 동안 체스 기사들의 인지에 대해 연구한 인지 심리학자이며, 스위스 국가 체스 팀의 일원이자 체스 전문가이기도 한 페르낭 고베는 사람들이 빠른 직관 혹은 패턴 매칭(두 가지 특징을 비교하여 양자가 동일한지 여부를 가늠하는 것)과 느린 사고 또는 숙고에 강하거나 약할 수 있고, 능숙하거나 미숙할 수 있다고 지적한다. 고베는 탈리가 양쪽 모두에 강하다고 주장했다. 나우이스트가 살아가는 방식과 일을 처리하는 방식도 이와 같다. 더욱 상세한 내용은 다음 문서에 설명되어 있다.

Gobet, F.(2012), 'Concepts without intuition lose the game: Commentary on Montero and Evans(2011)' *Phenomenology and the Cognitive Sciences*, 11(2), pp.237–259.

고베의 책에서도 설명을 접할 수 있다.

Gobet, F.(2015), *Understanding Expertise: A Multi-disciplinary Approach*

(Palgrave Macmillan).

59 Moxley, J. H., Ericsson, K. A., Charness, N. & Krampe, R. T.(2012), 'The role of intuition and deliberative thinking in experts' superior tactical decision-making' *Cognition*, 124(1), pp.72–78.

제4장 확실한 답을 찾는 길은 확실한 행동뿐이다

60 Hepler, J., Albarracin, D., McCulloch, K. C. & Noguchi, K.(2012), 'Being active and impulsive: The role of goals for action and inaction in self-control' *Motivation and Emotion*, 36(4), pp.416–424.

61 이런 시간에 큰 도움이 되는 것을 가리키는 약어로 '할트(HALT; Hungry, Angry, Lonely, Tire의 준말)'가 있다. 배가 고픈가? 화가 났는가? 외로운가? 아니면 지쳐 있는가? 자주 감정의 하향곡선을 그리며 괴로워하는 사람들과 일한 치료사들이 스트레스를 받으며 지치고, 수동적인 감정으로 위축되는 상황에 처했을 때 빠르게 스스로를 진단하고 돌볼 수 있도록 개발한 문구다.

62 Thayer, R. E.(2012), 'Moods of energy and tension that motivate' in Ryan, Richard M. (ed.), *The Oxford Handbook of Human Motivation*, p.408.

63 http://www.dailymail.co.uk/sport/othersports/article-2926113/Tom-Daleyaiming- high-new-twister-dive-repertoirepursuit- titles.html

64 Kruglanski, A. W., Pierro, A., Higgins, E. T. & Capozza, D.(2007), '"On the Move" or "Staying Put" Locomotion, Need for Closure, and Reactions to Organizational Change' *Journal of Applied Social Psychology*, 37(6), pp.1,305–1, 340.

65 Kumashiro, M., Rusbult, C. E., Finkenauer, C. & Stocker, S. L.(2007), 'To think or to do: The impact of assessment and locomotion orientation on the Michelangelo phenomenon' *Journal of Social and Personal Relationships*, 24(4), pp.591–611.

66 Galinsky, A. D., Gruenfeld, D. H. & Magee, J. C.(2003). 'From power to action' *Journal of Personality and Social Psychology*, 85(3), p.453; Huang, L., Galinsky, A. D., Gruenfeld, D. H. & Guillory, L. E.(2010), 'Powerful postures versus powerful roles, which is the proximate correlate of thought and behavior?' *Psychological Science*.

67 https://candiesandcrunches.com/2014/02/21/ push-ups-101-a-cheaters-guide-to-lousypush- ups-35-push-up-variations-and-fast-effective-bodyweight-upper-body-workout/

제5장 모든 경험을 즐겁게 받아들여라

68 Baldwin, M. W., Carrell, S. E.

& Lopez, D. F.(1990), 'Priming relationship schemas: My advisor and the Pope are watching me from the back of my mind' *Journal of Experimental Social Psychology*, 26(5), pp.435–454.

69 Mullet, D. R. & Rinn, A. N.(2015), 'Giftedness and ADHD: Identification, misdiagnosis, and dual diagnosis' *Roeper Review*, 37(4), pp.195–207.

70 Bonanno, G. A.(2004), 'Loss, trauma, and human resilience: Have we underestimated the human capacity to thrive after extremely aversive events?' American Psychologist, 59(1), p.20; Galatzer-Levy, I. R. & Bonanno, G. A.(2016), 'It's not so easy to make resilience go away: Commentary on Infurna and Luthar' *Perspectives on Psychological Science*, 11(2), pp.195–198; Hobfoll, S. E., Stevens, N. R. & Zalta, A. K.(2015), 'Expanding the science of resilience: conserving resources in the aid of adaptation' *Psychological Inquiry*, 26(2), pp.174–180; Mancini, A. D., Bonanno, G. A. & Sinan, B.(2015), 'A brief retrospective method for identifying longitudinal trajectories of adjustment following acute stress' Assessment, 22(3), pp.298–308.

71 Sabiston, C. M., McDonough, M. H. & Crocker, P. R.(2007), 'Psychosocial experiences of breast cancer survivors involved in a dragon boat program: Exploring links to positive psychological growth' *Journal of Sport and Exercise Psychology*, 29(4), p.419; Brunet, J., McDonough, M. H., Hadd, V., Crocker, P. R. & Sabiston, C. M.(2010), 'The post traumatic growth inventory: An examination of the factor structure and invariance among breast cancer survivors' *Psycho-Oncology*, 19(8), pp.830–838; Robinson, K. M., Piacentine, L. B., Waltke, L. J., Ng, A. V. & Tjoe, J. A.(2016), 'Survivors speak: A qualitative analysis of motivational factors influencing breast cancer survivors' participation in a sprint distance triathlon' *Journal of Clinical Nursing*, 25(1–2), pp.247–256.

72 Vealey, R. S. & Perritt, N. C.(2015), 'Hardiness and optimism as predictors of the frequency of flow in collegiate athletes' *Journal of Sport Behavior*, 38(3), p.321.

73 Mello, Z. R., Finan, L. J. & Worrell, F. C.(2013), 'Introducing an instrument to assess time orientation and time relation in adolescents' *Journal of Adolescence*, 36(3), pp.551–563.

74 중요한 연구들이 필립 짐바르도의 연구에서 영향을 받았으며, 필립 짐바르도는 과거 1960년 토마스 코틀에게 영향을 받았다. 짐바르도는 '균형적 시간 조망 Balanced Time Perspective'이라고 부르는 개념을 주장했으며 이 개념은 과거, 현재, 미

래와 그가 맺고 있는 관계와 긴밀한 연관이 있다. 필자는 현재-미래의 초점을 견지하며 현재와 미래가 연결되는 작업 방식에 대한 지식을 겸비하는 것이 더 나은 미래를 형성하는 최선의 지침이라고 생각한다. 필자의 생각은 짐바르도의 결론과는 다르다. 그보다는 코틀의 주장, 더욱 최근에는 샌프란시스코 주립대학교의 심리학자 제나 멜로의 주장과 더욱 유사하다. 연구진은 다양한 시간대를 모두 서로 연결되어 있는 것으로 보고 미래를 위해 유리한 쪽으로 활용하면 학업 및 경력 측면, 그리고 웰빙 측면에도 도움이 된다는 사실을 증명했다. 이에 관해 더 읽을 자료는 다음과 같다.

Zimbardo, P. G. & Boyd, J. N.(2015), 'Putting time in perspective: A valid, reliable individualdifferences metric' in *Time Perspective Theory; Review, Research and Application* (Springer International Publishing), pp.17–55; Cottle, T. J.(1976), *Perceiving time: A Psychological Investigation with Men and Women*(John Wiley & Sons Inc); Hammond, C.(2012), 《어떻게 시간을 지배할 것인가(*Time Warped: Unlocking the Mysteries of Time Perception*)》 (Canongate)

클라우디아 해먼드의 책은 시간의 다양한 양상과 시간이 우리의 인식을 바꾸는 방식에 대한 흥미로운 설명을 제공한다.

75 기능적 무기력성

76 Wadey, R., Evans, L., Hanton, S. & Neil, R.(2012), 'An examination of hardiness throughout the sport-injury process: A qualitative follow-up study' *British Journal of Health Psychology*, 17(4), pp.872–893.

77 Salim, J., Wadey, R. & Diss, C.(2015), 'Examining the relationship between hardiness and perceived stress-related growth in a sport injury context' *Psychology of Sport and Exercise*, 19, pp.10–17.

78 Sarkar, M., Fletcher, D. & Brown, D. J.(2015), 'What doesn' kill me .... Adversity related experiences are vital in the development of superior Olympic performance' *Journal of Science and Medicine in Sport*, 18(4), pp.475–479.

79 Jostmann, N. B. & Koole, S. L.(2010), 'Dealing with high demands: The role of action versus state orientation' *Handbook of Personality and Self-regulation*, 14, pp.332–52; Koole, S. L. & Jostmann, N. B.(2004), 'Getting a grip on your feelings: Effects of action orientation and external demands on intuitive affect regulation' *Journal of Personality and Social Psychology*, 87(6), p.974.

80 Koole, S. L., Jostmann, N. B. & Baumann, N.(2012), 'Do demanding conditions help or hurt self regulation?' *Social and Personality Psychology Compass*, 6(4), pp.328–436.

81 Mongrain, M., Komeylian, Z. & Barnhart, R.(2016), 'Happiness vs. mindfulness exercises for individuals vulnerable to depression' *The Journal of Positive Psychology*, 11(4), 2016, pp.366–377.

제6장 하나에 과도하게 집중하지 마라

82 D'rgembeau, A., Renaud, O. & Van der Linden, M.(2011), 'Frequency, characteristics and functions of future-oriented thoughts in daily life' Applied *Cognitive Psychology*, 25(1), pp.96–103; Barsics, C., Van der Linden, M. & D'rgembeau, A.(2015), 'Frequency, characteristics, and perceived functions of emotional future thinking in daily life' *The Quarterly Journal of Experimental Psychology*, pp.1–7.

83 Norman, C. C. & Aron, A.(2003), 'Aspects of possible self that predict motivation to achieve or avoid it' *Journal of Experimental Social Psychology*, 39 (5), pp. 500–507, Lewis, N. A. & Oyserman, D.(2015), 'When does the future begin? Time metrics matter, connecting present and future selves' *Psychological Science*, pp. 1–10, ;Oyserman, D., Destin, M. & Novin, S.(2015), 'The context-sensitive future self: Possible selves motivate in context, not otherwise' *Self and Identity*, 14(2), pp.173–188.

84 Oberauer, K., Farrell, S., Jarrold, C. & Lewandowsky, S.(2016), 'What limits working memory capacity?' *Psychological Bulletin advance* online publication; Cowan, N.(2010), 'The magical mystery tour: How is working memory capacity limited, and why?' *Current Directions in Psychological Science*, 19(1), pp.51–57; Jostmann, N. B. & Koole, S. L.(2006), 'In the waxing and waning of working memory: Action orientation moderates the impact of demanding relationship primes on working memory capacity' *Personality and Social Psychology Bulletin*, 32(12), pp.1,716–1, 728.

85 Kruglanski, A. W., Chernikova, M., Babush, M., Dugas, M. & Schumpe, B.(2015), 'The architecture of goal systems: Multifinality, equifinality, and counterfinality in means–and relations' *Advances in Motivation Science*, 2, pp.69–98.

86 Sanbonmatsu, D. M., Strayer, D. L., Medeiros-Ward, N. & Watson, J. M.(2013), 'Who multi-tasks and why? Multi-tasking ability, perceived multi-tasking ability, impulsivity, and sensation seeking', *Public Library of Science*, 8(1), e54402. Doi:10.1.1371/journal. pone.0054402.

87 Medeiros-Ward, N., Watson, J. M. & Strayer, D. L.(2015), 'An supertaskers and the neural basis of efficient multitasking' *Psychonomic Bulletin & Review*, 22(3), pp.876–883.

88 Baethge, A. & Rigotti, T.(2013), 'Interruptions to workflow: Their relationship with irritation and satisfaction with performance, and the mediating roles of time pressure and mental demands' *Work & Stress*, 27(1), pp.43–63.

89 예) De la Croix, D. & Licandro, O.(2015), 'The longevity of famous people from Hammurabi to Einstein' Journal of Economic Growth, 20(3), pp.263–303; Palacios, T., Solari, C. & Bains, W.(2015), 'Prosper and live long: Productive life span tracks increasing overall life span over historical time among privileged worker groups' *Rejuvenation Research*, 18(3), pp.234–244; Guven, C. & Saloumidis, R.(2014), 'Life satisfaction and longevity: longitudinal evidence from the german socio-economic panel' German Economic Review, 15(4), pp.453–472; 'hang, Y. & Han, B.(2016), 'Positive affect and mortality risk in older adults: A meta-analysis' *PsyCh Journal*. doi: 10.1002/pchj.129.

90 Franklin, M. S., Mrazek, M. D., Anderson, C. L., Smallwood, J., Kingstone, A. & Schooler, J. W.(2013), 'The silver lining of a mind in the clouds: Interesting musings are associated with positive mood while mind-wandering' Frontiers in Psychology, 4, published 27 August 2013. doi: 10.3389/fpsyg.2013.00583.

91 Oettingen, G., Mayer, D. & Portnow, S.(2016), 'Pleasure now, pain later: Positive fantasies about the future predict symptoms of depression' Psychological Science, 0956797615620783.

최고의 나우이스트가 되기 위한 팁 4: 나우이스트의 특별한 스트레스 해소법

92 Gillen, J. B., Martin, B. J., MacInnis, M. J., Skelly, L. E., Tarnopolsky, M. A. & Gibala, M. J.(2016), 'Twelve weeks of sprint interval training improves indices of cardiometabolic health similar to traditional endurance training despite a five-fold lower exercise volume and time commitment' *PloS one*, 11(4), e0154075.

93 Mehta, R. K., Shortz, A. E. & Benden, M. E.(2015), 'Standing up for learning: A pilot investigation on the neurocognitive benefits of stand-biased school desks' *International Journal of Environmental Research and Public Health*, 13(1), p.59.

94 Pascoe, M. C. & Bauer, I. E.(2015), 'A systematic review of randomised control trials on the effects of yoga on stress measures and mood' *Journal of Psychiatric Research*, 68, pp.270–282.

95 Dehghan, M.(2016), 'Review on theorizing yoga and dance/movement therapy as a Mindfulness Skill, *The International Journal of Indian Psychology*, Volume 3, Issue 2, No.8, DIP: 18.01.151/20160302 I, (Chicago).

96 Tolnai, N., Szabó, Z., Köteles, F. & Szabo, A.(2016), 'Physical and psychological benefits of once-a-week pilates exercises in young sedentary women: A 10-week longitudinal study' *Physiology & Behavior*, 63, pp.211–218.

97 필라테스 운동의 한 버전은 다음 DVD에 포함되어 있다.
Williams, M. & Penman, D.(2011). *Mindfulness: A practical guide to finding peace in a frantic world*, Hachette UK.

98 Creswell, J. D. & Lindsay, E. K.(2014), 'How does mindfulness training affect health? A mindfulness stress buffering account' *Current Directions in Psychological Science*, 23(6), pp.401–407.

267

옮긴이 신예용

숙명여자대학교에서 영문학을 전공하고 동대학원에서 문학을 공부했으며, 방송사에서 구성작가로 일했다. 현재 번역에이전시 엔터스코리아에서 출판기획자 및 전문번역가로 활동하고 있다. 옮긴 책으로는《가장 잔인한 달》,《잃어가는 것들에 대하여》,《공짜 치즈는 쥐덫에만 있다》,《더 적게 일하고 더 많이 누리기》등이 있다.

나우이스트

초판 1쇄 발행 2018년 1월 25일

지은이 맥스 맥케온
옮긴이 신예용
펴낸곳 보랏빛소
펴낸이 김철원

책임편집 유지서
기획·편집 김이슬, 권영선
마케팅·홍보 박소영
표지본문디자인 어나더페이퍼

출판신고 2014년 11월 26일 제2014-000095호
주소 서울특별시 마포구 월드컵북로6길 60, 덕산빌딩 203호
대표전화·팩스 070-8668-8802 (F)02-323-8803
이메일 boracow8800@gmail.com